MERIAN*momente*

W0189404

MALTA UND GOZO

KLAUS BÖTIG

MALTA UND GOZO ENTDECKEN 4

MALTA UND GOZO ERLEBEN 20

MALTA UND GOZO ERKUNDEN 52

Gozo und Comino

Der Norden

Valletta
und Grand
Harbour

Sliema
und die
Inselmitte

Der Süden

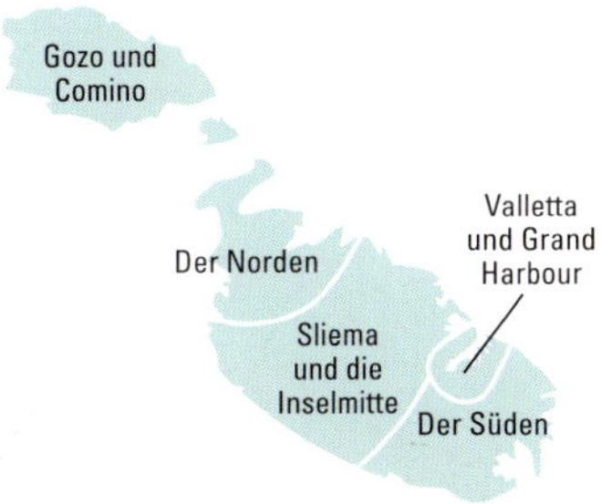

TOUREN AUF MALTA UND GOZO 126

MALTA UND GOZO ERFASSEN 134

KARTEN UND PLÄNE

MALTA UND GOZO ENTDECKEN

Sehenswerte Felsformation: Azur Window
auf Gozo nahe der Inland Sea (▶ S. 119).

MEIN MALTA

Sonne, Strände, Nachtleben und über 7000 Jahre Geschichte erwarten den Besucher auf den Mittelmeerinseln Malta und Gozo. Charmant präsentieren sich die beiden Reiseziele mit ihrer Mischung aus englischem Understatement und südländischer Lebenslust.

Ein Sommertag auf Malta beginnt fast immer mit dem Läuten unzähliger Kirchenglocken. 365 Gotteshäuser soll es auf der Insel geben, tatsächlich aber sind es wohl noch viel mehr. Die Malteser gehören zu den frommsten Katholiken Europas. Doch im Juli und August haben die Gläubigen das Nachsehen. Kirchgänger finden sonntags nur noch schwer einen Parkplatz am Meer. Dorthin strebt an den vielen heißen Tagen zwischen Juni und August nämlich fast jeder Malteser. Sandstrände sind zwar eher knapp, man gibt sich jedoch gern mit flachen Felsküsten und künstlichen Badeplattformen zufrieden, steigt über Leitern ins Wasser oder hält auch nur seine Angel hinein. Wichtige Utensilien sind die mitgebrachten Campingstühle und -tische, denn zum Tag am Meer gehört auch das Picknick,

◄ Angler im Hafen des alten Fischerdorfes
Marsaxlokk (▶ S.77) warten auf ihren Fang.

oft ergänzt durch einen Holzkohlegrill. Häufig dabei sind Freunde und
Verwandte. Geselligkeit wird groß geschrieben unter den Insulanern,
und die Familie hat einen alles überragenden Stellenwert.
Unter Leuten zu sein, ist auch abends angesagt. Die Restaurants der Insel
sind vor allem an Wochenenden an jedem Abend gut gefüllt. Mit Paceville besitzt Malta eines der bedeutendsten Nightlife-Zentren im Mittelmeerraum, das zumindest von der Masse her mit den Angeboten auf Ibiza und Mykonos, im zyprischen Ayía Nápa und in Palma de Mallorca
mithalten kann. Die Frömmigkeit hindert nicht daran, modisch sexy in
die Disco zu gehen: So manches junge Mädchen fährt mit biederen Jeans
ins Discoviertel und wirft sich dort im »Dressing Room« in ihre kurze
Schale. Das intensive Nachtleben ist sicher auch ein Grund dafür, dass
Malta jährlich über 60 000 zumeist sehr junge Gäste zählt, die tagsüber
eine der über 40 offiziellen Englisch-Feriensprachschulen besuchen.

KURZE WEGE

Die Fahrt ans Meer dauert auf Malta und seiner Schwesterinsel Gozo nie
länger als eine halbe Stunde, eine sichere Heimkehr aus den Discos garantieren die vielen Nachtbusse von Paceville in alle Urlaubszentren und
Dörfer. Die Inseln sind klein, die Entfernungen gering. Von der Nord-
zur Südspitze Maltas sind es nur 40 km. Auf Gozo reist man vom west-
lichsten bis zum östlichsten Punkt gerade einmal 14 km. Für exzellente
Verbindungen sorgen fast 300 Linienbusse, die bis zum Jahr 2014 von der
britischen Transportgesellschaft Arriva betrieben wurden, einer hundert-
prozentigen Tochter der Deutsche Bahn AG. Alle Städte auf Malta lassen
sich gut zu Fuß erkunden. Fähren, Bootstaxis und Ausflugsboote bieten
auch Sightseeing-Erlebnisse vom Wasser aus, bei geführten Wanderungen erschließt sich Maltas grüne Seite dem Gast am besten.
Die kurzen Wege sorgen auch dafür, dass die meisten Malteser vernünftig
langsam mit ihren Autos unterwegs sind. Ray Abela, Besitzer einer kleinen Jachtwerft auf Manoel Island, bringt es auf den Punkt. Sein Hobby
sind seine zehn Oldtimer-Sportwagen. Mit einem von ihnen bummelt er
jeden Abend auf den Uferstraßen der Insel entlang. Ihr Tacho hat noch
nie die 100-km-Marke berührt. »Warum sollte ich schneller als 30 fahren?«, fragt er, »dann kann ich im Vorbeifahren ja keine Freunde mehr
grüßen und bin viel zu schnell wieder zu Hause.«

Hobbies wie Ray haben viele Malteser und Gozitaner. Nach Feierabend und an Wochenenden begegnet man auf den Straßen immer wieder Männern, die sich von ihrem Trabrennpferd im Sulkie spazieren fahren lassen. Sonntags geht es dann auf die Rennbahn – mal als Fahrer, mal zum Wetten. Wetten und Glücksspiel spielen ohnehin eine bedeutende Rolle im Inselstaat. Mehrere Spielcasinos spülen Geld in die Kassen des Fiskus, vor allem aber tragen zahlreiche Internet-Wettfirmen zum Bruttosozialprodukt Maltas bei.

STÄDTE AM WASSER

Schon im Landeanflug, der immer über Gozo und fast das gesamte Malta bis zum Airport im Inselsüden führt, wird deutlich, wie dicht bevölkert die Inseln sind. Alle Dörfer liegen eng beieinander, die Städte gehen vom Grand Harbour bis zum Vergnügungsviertel Paceville und darüber hinaus nahtlos ineinander über. Malta ist dichter besiedelt als das Ruhrgebiet. Die Städte sind fast alle direkt am Meer erbaut. Das verleiht ihnen Luftig- und Leichtigkeit. Die historischen Hauptstädte Vittoriosa/Birgu und Valletta mit ihren interessanten Stadtkernen liegen auf vom Meer umspülten Halbinseln, in den anderen städtischen Siedlungen konzentriert sich das Leben auf die Uferpromenaden und -straßen. Selbst die mittelalterliche, noch immer von einem Mauerring umgebene Hauptstadt Mdina im Inselzentrum von Malta überwindet inzwischen ihre festungsartige Abschottung: Zwei Cafés auf der Stadtmauer bieten Logenplätze, von denen aus der Blick über große Teile Maltas und weit hinaus zum Flughafen und aufs Mittelmeer reicht. Da sind immer viele kleine und große Schiffe zu sehen.

Maltas moderner Containerhafen Kalafrana an der Marsaxlokk Bay ist eine Drehscheibe für den Frachtverkehr, im Grand Harbour konnte äußerst erfolgreich ein Kreuzfahrten-Terminal etabliert werden.

HINAUS IN DIE NATUR

Wer den Inselstaat wirklich kennenlernen möchte, sollte sich aus dem Bannkreis des städtischen Malta zwischen Grand Harbour und dem Touristenzentrum an der St. Paul's Bay lösen. Selbst Inselkenner sind immer wieder aufs Neue überrascht vom saftigen Frühjahrsgrün vor allem im Norden und Westen Maltas sowie auf Gozo, von den vielen Feldern in den lang gestreckten Tälern des Nordens, die sich von Westen nach Osten quer durch Malta ziehen, von der rauen Wildheit der Natur an den Steilufern zwischen Blauer Grotte und Popeye Village und von den wilden

Steilküsten, die weite Teile der Süd- und Westküste Gozos prägen – nicht zu sprechen von den steinzeitlichen Tempelbauten Mnajdra und Hagar Qim, die sich in der einsamen Natur verstecken und die Fantasie des Betrachters beflügeln.

Maltas und Gozos über 5000 Jahre alte jungsteinzeitliche Tempelruinen sind einzigartig auf der Welt. Sie stammen aus schriftlosen Zeiten und geben darum ebenso viele Rätsel auf wie das unterirdische Heiligtum Hypogäum oder die bronzezeitlichen Karrenspuren, die vorgeschichtlichen Schienensystemen gleichen. Großes zu bauen blieb eine Leidenschaft der Malteser: Die Kuppeln mancher Dorfkirche gehören zu den zehn größten der Welt, in der nur 11 200 Einwohner zählenden Inselhauptstadt von Maltas kleiner Schwesterinsel Gozo stehen gleich zwei Opernhäuser mit Platz für zusammen über 2700 Zuschauer. Riesigen Freilichtmuseen gleichen die historischen Städte aus der Zeit des Johanniterordens, die zu besichtigen allein schon drei Tage lang Spaß machen kann. Hinzu kommt eine Vielzahl von Museen, deren Spektrum von der Archäologie bis zu den feinen Künsten, von der Oldtimer-Sammlung bis zu historischem Spielzeug reicht.

LIEBENSWERTES GOZO

Das kleine Gozo erscheint dem Malta-Urlauber fast wie eine andere Welt und ist doch nur 25 Fährminuten von der großen Schwesterinsel entfernt. Hier findet Hektik keinen Platz, strahlt jeder Ort Ländlichkeit und Ruhe aus. Gozos Bauern wenden sich immer stärker dem ökologischen Landbau zu, produzieren Olivenöl und Wein, Tomaten und Käse von bester Qualität. Auf Gozo sitzen abends noch viele Frauen auf der Straße vor ihren Häusern, schwatzen, stricken und klöppeln.

Zwischen Malta und Gozo hat die Inselrepublik noch eine weitere Alternative zu bieten: die Hotelinsel Comino, die nur im Sommerhalbjahr von April bis Oktober bewohnt ist und sich ganz dem Baden und dem Wassersport verschrieben hat.

DER AUTOR

Klaus Bötig, Reisejournalist aus Bremen, bereist Malta und Gozo seit 1978 mindestens einmal jährlich in ganz unterschiedlichen Saisonzeiten. Auch nach 35 Jahren entdeckt er immer noch Neues. Besonders wichtig sind ihm die vielen Gespräche mit Einheimischen aus allen Bevölkerungsschichten. Maltesische Freunde geben ihm immer wieder wertvolle Tipps.

MERIAN TopTen

Diese Höhepunkte sollten Sie sich bei Ihrem Besuch auf keinen Fall entgehen lassen: Ob der Markt in Marsaxlokk oder die Tempel von Tarxien, Hagar Qim und Mnajdra – MERIAN präsentiert Ihnen hier die wichtigsten Sehenswürdigkeiten auf Malta und Gozo.

1 Hafenrundfahrt   G 4

Die ganze Macht der Verteidigungs-mauern Vallettas erkennt man am besten bei einer Rundfahrt durch den Grand Harbour, die am Ferry Pier in Sliema beginnt (▶ S. 56).

2 Malta Experience, Valletta   G 4

Die Multivisionsschau vermittelt Geschichte für Auge und Ohr (▶ S. 58).

3 St. John's Co-Cathedral, Valletta   G 4

In der Hauptkirche des Ritterordens ist keine Fläche unverziert geblieben, der Boden ist mit bunten Grabplatten der Ritter gepflastert (▶ S. 59).

4 National Museum of Archaeology, Valletta   G 4

Die Funde aus den steinzeitlichen Tempeln präsentiert das Archäologische Museum, in dem auch Modelle der Tempel zu sehen sind (▶ S. 61).

5 Hypogäum, Paola   G 5

Die dreigeschossige Kulthöhle war in der Steinzeit vielleicht ein Seminar oder eine Begräbnisstätte für Priesterinnen (▶ S. 63).

6 Tempel von Tarxien   G 5

Maltas größte Tempelanlage aus der Jungsteinzeit wird am meisten besucht (▶ S. 64).

⭐7 Markt in Marsaxlokk   🏷 G 6

Zwischen Fischrestaurants und Fischerbooten findet an jedem Sonntagmorgen Maltas größter Straßenmarkt statt. Auch werktags kann hier ein Markt besucht werden, nur ist er etwas kleiner (▶ S. 77).

⭐8 Hagar Qim und Mnajdra 🏷 E/F 6

Zwei nahe beieinander liegende steinzeitliche Tempelanlagen unter modernen Schutzdächern in schönster Natur und mit Blick auf das Meer (▶ S. 81, 83).

⭐9 Mdina   🏷 E 5

Durch die Gassen der historischen mittelalterlichen Hauptstadt im Zentrum Maltas fahren Pferdekutschen statt Autos, auf den Stadtmauern kehrt man zum Kaffeetrinken ein (▶ S. 96).

⭐10 Ggantija Temples, Gozo 🏷 C 1

Der Haupttempel auf der Insel Gozo besteht aus bis zu 6 m hohen Steinen und beeindruckt durch seinen guten Erhaltungszustand in aussichtsreicher Lage (▶ S. 118).

MERIAN Momente
Das kleine Glück auf Reisen

Oft sind es die kleinen Momente auf einer Reise, die am stärksten in Erinnerung bleiben – Momente, in denen Sie die leisen, feinen Seiten Maltas und Gozos kennenlernen. Hier geben wir Ihnen Tipps für kleine Auszeiten und neue Einblicke.

 Lower Barracca Gardens

G4

Auch Engländer können romantisch sein. Sir Alexander Ball war solch ein Brite. Der erste Hochkommissar seiner Queen nach der Kapitulation der Truppen Napoleons ließ sich als eigenes Mausoleum ein griechisches Tempelchen mit 14 dorischen Säulen in einem kleinen Park direkt am Grand Harbour errichten. Heute wird der edle Bau von buntem Blütenreichtum eingerahmt. Von den Parkbänken und noch besser vom benachbarten »Second World War Siege Memorial« aus, dem Denkmal für die Belagerung im Zweiten Weltkrieg, können Sie aus aller Nähe beobachten, wie Lotsenboote und Schlepper Kreuzfahrtschiffe und Frachter zur Hafenausfahrt geleiten bzw. dort abholen. Da kommt nicht nur bei Engländern Seefahrtromantik auf. Und wenn Sie frisch oder noch immer verliebt sind, nehmen Sie ein kleines Fläschchen Wein mit in die Gärten: Barracca heißt nämlich »Glück und Segen«.

Valletta | Mediterranean Street | tagsüber geöffnet

2 St. Barbara's Church G 4

Warum es nicht einmal den Maltesern gleichtun und sonntags in die Kirche gehen? In der Kirche der hl. Barbara in Valletta, die 1573 für die Ritter der Provence erbaut wurde, zelebriert ein maltesischer Pfarrer an jedem Sonntagmorgen die Messe auf Deutsch. Wer mag, kommt anschließend oft auch leicht mit in Malta lebenden Deutschen, Österreichern oder Schweizern ins Gespräch.

Valletta | Republic Street zwischen South Street und Melita Street | Tel. 21 42 09 70 | Evangelische Gottesdienste finden an zwei Sonntagen im Monat im St. Andrew's House in Valletta statt: Old Bakery Street 210 | Tel. 21 45 41 45

3 Portomaso Tower F 4

In der Lounge-Bar »Level 22« auf der obersten Etage, also im 22. Stock von Maltas höchstem Haus, treffen sich besser betuchte und stets schick gekleidete Nachtschwärmer in gepflegtem Ambiente mit grandiosem Blick über Malta zu Cocktails und Champagner. »Sehen und gesehen werden« ist hier ebenso wichtig wie die chillige Lounge-Musik. Auf jeden Fall hat man das Gefühl, oben angekommen zu sein.

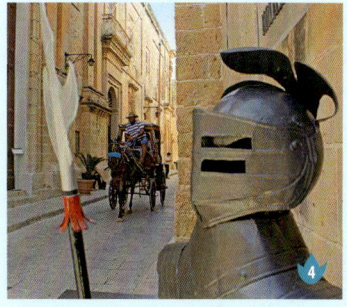

Paceville | Portomaso Tower | Tel. 23 10 22 22 | www.22.com.mt | Juni–Aug. tgl., Sept.–Mai Mi–So 21.30–4 Uhr | Eintritt frei

4 Kutschfahrten in Mdina E 5

Direkt vor dem Haupttor des barocken Mdina warten Kutscher mit ihren Pferdedroschken auf Gäste. Wer sich ihnen anvertraut und ein kleines Rollenspiel wagt, kann die noble Stadt des maltesischen Adels wie einer von ihnen wahrnehmen. Am besten geeignet, weil am schönsten, ist dafür die Zeit der Dämmerung, wenn die milde Straßenbeleuchtung eingeschaltet ist, das Licht aber noch für Fotos ausreicht. Ein besonderes Augenmerk können Sie während der etwa 30-minütigen Rundfahrt auf die vielen schönen Türklopfer aus Kupfer und Messing richten, die viele der stattlichen Haustüren der alten Paläste zieren. Sie hängen hier in großer Zahl aber auch vor den Kunsthandwerksgeschäften in verschiedensten Größen aus. Delfine und Malteserkreuze sind als Motive besonders beliebt. Vielleicht haben Sie ja dafür Verwendung?

Mdina | Main Gate | Rundfahrt für bis zu vier Fahrgäste 35 €

5

5 Marfa Ridge   D 3

Wilde Natur und einfaches maltesisches Leben können Sie an Wochenenden und an allen Sommertagen bei einer einfachen Wanderung durch den äußersten Nordwesten Maltas erleben. Fahren Sie mit dem Bus, der Cirkewwa zum Ziel hat, bis zum Red Tower und gehen Sie von hier immer an der Straße gen Osten bis zur Madonnenkapelle über der Bucht Dahlet ix Xilep. Hier weht fast immer ein kräftiger Wind. Bäume säumen die Straße, Malteser machen da gern Picknick. Gehen Sie dann zur Nordküste hinunter und wandern Sie immer am Meer entlang Richtung Westen, passieren Sie den White Tower, die White Tower Bay und die Armier Bay. Hier haben sich viele Malteser ihre schlichten Urlaubsdomizile in Wohnwagen und simplen Hütten geschaffen. Obwohl sie so aussehen mögen, sind es keine Armutsquartiere: Viele Malteser schätzen das einfache Leben. Wenn Sie hier an einem der nicht sonderlich guten Stränden baden, haben Sie sich wahrhaft unters Volk gemischt.

Zwischen Mellieha Bay und South Comino Channel | Länge der Wanderung ca. 8 km

6 Salinen von Marsalforn, Gozo   B 1

Die ausgedehnten Becken der Salinen westlich von Marsalforn sind von Menschenhand aus dem flachen Küstengestein gehauen. Sie wirken, als hätte sie ein begnadeter Grafiker geschaffen. Bei rauer See spritzt die Brandung hinein. Aber auch dann können Sie über die Stege balancieren, die die Becken voneinander trennen, und den Anblick der von der See glatt geschliffenen, fast weißen Küstenfelsens genießen, der die Salinen im äußersten Westen begrenzt. Vielleicht finden Sie ja auch ein wenig Meersalz, das Sie selbst ernten (Glas- oder Plastikfläschchen mitnehmen) und als Glücksbringer mit nach Hause nehmen können?

Zwischen Marsalforn und der Xwieni Bay | frei zugänglich

7 Xwieni Bay, Gozo   B 1

Ein außergewöhnliches Badeerlebnis wird Ihnen die Xwieni Bay im Westen von Marsalforn bescheren. Etwa 150 m nachdem sich die Küstenstraße von den Salinen landeinwärts in Richtung Zebbug gewendet hat, führt ein Pfad hinunter ans innere Ende des etwa 300 m langen, ganz engen Fjords mit niedrigen Ufern. Der Strand hier ist keine zehn Meter breit, gibt aber Gelegenheit, gut ins Wasser zu kommen und im Fjord dem offenen Meer entgegen zu schwimmen. Den maltesischen Heiligen sei Dank: Nicht einmal eine einfache Beach-Bar, geschweige denn eine Taverne sind hier zu finden und auch kein Liegestuhlvermieter. Ein Café gibt es erst wieder im Dorf Zebbug oberhalb der Xwieni Bay, das Sie in etwa zehn Minuten per Auto oder in etwa 30 Minuten zu Fuß erreichen. Da gestaltet sich das Leben ebenso relaxed wie unten an der Bucht und auch andere Touristen sind hier kaum zu finden. Von Zebburg aus bringt ein Linienbus Fußgänger mit Umsteigen in Victoria/Rabat nach Marsalforn zurück.

Ca. 1,5 km westl. von Marsalforn, nur zu Fuß oder mit dem Mietfahrzeug zu erreichen

8 Calypso's Cave, Gozo C1

Ein kleiner, gepflegter Garten hoch über der sandigen Ramla Bay ist einer von Gozos schönsten Aussichtspunkten. Beim Blick weit hinaus übers Meer kann man über Liebe und Treue sinnieren, denn glaubt man Homer und der einheimischen Fremdenverkehrswerbung, lebte hier jahrelang ein berühmtes Paar. In einer kleinen, heute nicht mehr zugänglichen Grotte im Park verbrachte der griechische Seefahrer, Troja-Kämpfer und König von Ithaka, der sagenhafte Odysseus, sieben Jahre als Gefangener und Geliebter der Nymphe Calypso. Odysseus hatte nach dem Trojanischen Krieg schon eine dreijährige Irrfahrt und viele Abenteuer hinter sich, als er auf einer Planke seines von Göttervater Zeus durch einen Blitz vernichteten Schiffes hier antrieb. Seine Gefährten waren inzwischen alle ums Leben gekommen. Er wusste weder, wo er war, noch wie es mit ihm weitergehen sollte. Calypso hätte ihn am liebsten nie wieder gehen lassen, musste sich aber schließlich doch dem Willen der Götter beugen. Odysseus zimmerte sich ein Floß und steuerte damit seine Heimatinsel Ithaka an, wo seine Gattin Penelope allen Anfeindungen einer aufdringlichen Freierschar widerstand und treu auf die Heimkehr des Helden wartete. Vor der Insel Korfu erlitt Odysseus zwar noch einmal Schiffbruch, erreichte dann aber schwimmend die Insel. Deren König ließ ihn sicher nach Hause bringen, nachdem ihm Odysseus ausführlich von seinen Erlebnissen berichtet hatte.

8 km nordöstl. von Victoria | keine Innenbesichtigung möglich

NEU ENTDECKT
Worüber man spricht

*Malta und Gozo befinden sich stetig im Wandel,
Sehenswürdigkeiten werden eingeweiht, Attraktionen eröffnen,
die Inseln verändern ihr Gesicht, durch neue Museen, Restaurants
und Geschäfte erlangen ganze Landstriche neue Attraktivität.
Hier erfahren Sie alles über die jüngsten Entwicklungen – damit
Sie keinen dieser aktuell angesagten Orte verpassen.*

◀ Im Malta National Aquarium (▶ S. 17) umrunden Fische eine versunkene Skulptur.

SEHENSWERTES

Bird Park Malta ◢◢ E 1

Maltas 15 000 Jagdliebhaber haben dem Inselstaat bis in unser Jahrtausend hinein einen denkbar schlechten Ruf als Insel des hemmungslosen Vogelmords eingebracht. Forciert durch EU-Recht, hat sich die Situation inzwischen stark verbessert – und Malta hat jetzt sogar seinen ersten Vogelpark, in dem man die gefiederten Tiere studieren statt schießen kann. Die EU hat ihn mitfinanziert. Über 200 Arten sind hier zu Hause, darunter Flamingos, Pelikane, Kraniche, Eulen und Papageien. Einige Vierbeiner wie Kängurus, Antilopen und Meerkatzen leisten ihnen Gesellschaft.

Qawra | Salina Bay | www.birdpark malta.com | Juli–Sep. Mo–Fr 10–15, Sa/So 10–17 Uhr, Okt.–Juni Mo und Di geschl. | Eintritt 8 €

Malta National Aquarium ◢◢ E 3

Seit 2013 besitzt Malta endlich ein Aquarium, in dem auch nicht tauchende Urlauber die Meeresfauna in Maltas Gewässern kennenlernen können. Der futuristische Bau direkt am Ausgang der St. Pauls Bay beherbergt nicht nur 26 Becken, in denen sich sogar Haie tummeln, sondern auch einen Beach Club und ein Café-Bistro.

Bugibba | Triq It-Trunciera | Tel. 22 58 81 00 | www.aquarium.com.mt | tgl. 10–22 Uhr | Eintritt 12,90 €

Opernhaus ◢◢ G 4

Der italienische Stararchitekt Renzo Piano hat der Ruine des im Zweiten Weltkrieg von deutschen Bomben zerstörten Opernhauses von Valletta neues Leben eingehaucht. Die Ruine blieb Ruine, doch ihr gegenüber wurde durch den Abriss zweier Häuser Raum für einen kleinen Platz à la Renaissance geschaffen. Zwischen den historischen Gemäuern wurde aus Stahl und Kunststoff ein Open-Air-Theater installiert, das seit dem Spätsommer 2013 dem kulturellen Leben der Hauptstadt mehr Leben schenkt.

Valletta | Ordnance Street

Parlamentsgebäude ◢◢ G 4

Renzo Piano ist auch für die Architektur des neuen maltesischen Parlamentsgebäudes gleich neben dem Opernhaus verantwortlich, in dem im September 2014 die erste Sitzung stattfinden soll. Eine Cafeteria, eine Bibliothek und ein Museum sollen es auch für die Öffentlichkeit nutzbar machen. Gleich daneben, wo bis 2012 das inzwischen abgerissene City Gate den Haupteingang zur Stadt bildete, führt ein transparenter Fahrstuhl in den tiefen mittelalterlichen Wallgraben hinab, der spätestens bis zum Frühjahr 2015 in einen blumenreichen Garten verwandelt sein soll.

Valletta | Freedom Square

ÜBERNACHTEN

Top End – Palazzo Vittoriosa ◢◢ G 5

Wo in Maltas erster Hauptstadt der Johanniterzeit die Herbergen der Ordensritter standen, haben Remco Slik und seine Partnerin Jessica einen alten Palazzo in Maltas exklusivste Unterkunft verwandelt. Die Gäste in den drei Suiten teilen sich Innenhof und Dachterrasse mit Pool, intime Dinner mit privatem Koch werden ebenso arrangiert wie private Kochstunden, Chauffeur-Service und Superjacht-Charter.

Vittoriosa | Hilda Tabone Street 54–56 | Tel. 21 37 08 30 | www.palazzovittoriosa. com | €€€€

Traveller-Treff – Hostel Malti 🏴 F 4
Am unteren Ende der Preisskala entstehen auf Malta zunehmend kleine Hostels in alten Stadthäusern, in denen besonderer Wert darauf gelegt wird, dass sich die Traveller untereinander kennenlernen können. Vorreiter ist dabei das Hostel Malti mit einer großen Dachterrasse, auf der gemeinsam gegrillt werden kann, sowie einer Open-Air-Gemeinschaftsküche. Vier Dormitories ohne Geschlechtertrennung mit wahlweise 6 oder 12 Betten stehen zur Verfügung.

St. Julian's | Ta Giorni, Birkirkara Hill 15 | Tel. 27 30 27 58 | www.hostelmalti.com | €

ESSEN UND TRINKEN

BeBirgu 🏴 G 5
Ein stilvolles Café-Restaurant fehlte bisher im Zentrum von Vittoriosa, Maltas erster Hauptstadt der Ritterzeit.

Im Jahr 2013 hat der belgische Koch Ed Schoebben im stilvollen Clubhaus der Philharmonischen Gesellschaft »Socjeta Muzikali Banda Vittoriosa San Lawrenz« von 1883 einen seiner Träume verwirklichen können. Im kleinen Innenhof des Historischen Baus und den Räumen des Erdgeschosses konnte er sein stilvolles Lokal eröffnen, in dem er exzellenten Kaffee, frische Säfte, belgische Biere, belgische und maltesische Snacks und kleine, stets frisch zubereitete Gerichte serviert. Besonderer Clou ist der historische Billardsaal mit zwei Tischen und Zuschauersesseln entlang den Wänden. Einer der Tische ist Clubmitgliedern vorbehalten, der zweite kann auch von Gästen genutzt werden.

Vittoriosa | Misrah Ir-Rebha | Tel. 77 22 00 77 | tgl. 7–22 Uhr | €

Ella's Food Factory 🏴 G 6
Auf der Westseite des Fischerhafens von Marsaxlokk steht zwischen aufgebockten Fischerbooten und kleinen Reparaturwerften ein hässlicher Gewerbebau, der seit 2013 ein hypermodernes, geschmackvoll durchgestyltes Restaurant beherbergt. Die Einheimischen schätzen es vor allem wegen seiner Pizza und Pasta, Reisende kosten hier auch gern ein marokkanisches Fisch und Muschel-Tajine, maltesischdeftig zubereiteten Schweinebauch oder Schweinebäckchen mit Gewürzen aus der Karibik. Große Fenster und eine große Terrasse garantieren einen stimmungsvollen Blick aufs Fischhafenmilieu.

Marsaxlokk | Xatt is-Sajjied | Tel. 21 65 25 49 | www.ellasfoodfactory. com | Di–Fr 11–14.30 und ab 18.30, Sa nur ab 18.30, So nur 11–14.30 Uhr | €–€€

Grill 3301 🚩 F 4

Maltas bedeutendste Auszeichnung für Restaurants sind die WRMC Malta Restaurant Awards. Zu den mit dem »Silbernen Löffel« ausgezeichneten Preisträgern gehörte 2014 das Grill-Restaurant 3301 im Corinthia Hotel St Georg's Bay, weil es Grillen und Barbecue als Kunst zelebriert. Lachs, Tunfisch und Langusten sind hier ebenso in meisterlichen Händen wie Steaks vom Aberdeen Anus-, USDA- oder Wagyu Kobe-Rind. Wer weniger ausgeben will, ordert schottische Lammkoteletts, Barbarie-Entenbrust oder Schweinebauch. Den Meerblick dazu gibt es stets kostenlos.

St. Julian's | St Georg's Bay | Tel. 23 70 00 00 | www.corinthia.com | Mo–Sa 19–23, So 12.30–14.30 Uhr | €€€

iplace 🚩 G 6

Fast schon revolutionär und auf jeden Fall sehr mutig ist ein Konzept dieses neuen Café-Restaurants am Hafen von Marsaxlokk. Über 80 i-pads wurden angeschafft und werden jetzt den Gästen statt Speisekarten vorgelegt. Wer mag, kann auch elektronisch bestellen und die Rechnung anfordern. Flinke junge Servicekräfte gibt es freilich auch weiterhin. Das i-pad bleibt auf dem Tisch, bis der Gast geht. Es kann auch zum Abrufen von Mails, zum Surfen oder für vorinstallierte Spiele genutzt werden. Drinnen im Lokal gibt es zudem Plätze mit Wandbildschirmen für die individuelle Filmauswahl. Eine internationale Crossover-Küche, gute Steaks, Fischgerichte und Pizze machen das Lokal zusätzlich bei den Maltesern so beliebt, dass man für abends besser einen Tisch vorbestellt – per Internet versteht sich.

Marsaxlokk | Triq Wilga | Tel. 21 65 41 14 | www.iplace.com.mt | tgl. 9–24 Uhr | €€

🚩 Weitere Neuentdeckungen sind durch dieses Symbol gekennzeichnet.

Im Bird Park Malta (▶ S. 17) wird Besuchern neben der Möglichkeit, gefiederte Freunde zu beobachten, auch viel Wissenswertes über Vögel und ihren Lebensraum geboten.

MALTA UND GOZO
ERLEBEN

Die Prozession zu Ehren des hl. Paulus
erinnert an seinen Schiffbruch vor Malta.

ÜBERNACHTEN

Urlauber können in Maltas und Gozos Resorts ein Optimum an Service und Ausstattung erwarten. Besonders viele Häuser gibt es im Vier- und Fünf-Sterne-Segment. Dabei nehmen besondere Wellness-Angebote kontinuierlich zu.

Maltas Hotellerie hat in den ersten Jahren unseres Jahrtausends einen gewaltigen Wandel vollzogen. Ältere Häuser wurden gründlich renoviert und aufgewertet, die meisten neuen Hotels entstanden im Luxusbereich. International bekannte und berühmte Marken wie Meridien und Hilton, Kempinski, Maritim und Radisson sorgen inzwischen für hohe Zufriedenheit selbst anspruchsvoller Urlauber. Die meisten Hotels stehen an der Küste zwischen Sliema und Mellieha sowie rund um die St. Paul's Bay, im Inselsüden hingegen sind so gut wie keine annehmbaren Unterkünfte zu finden. All-Inclusive-Angebote gibt es zwar auch für Malta, doch haben sie längst nicht jenen zerstörerischen Stellenwert wie in anderen Urlaubsregionen am Mittelmeer. Hier ist die örtliche Gastronomie noch quicklebendig. Die großen Ferienclubs wie Robinson, Aldiana oder Magic Life sind in Malta noch nicht vertreten.

◀ Romantisch übernachten in einem Stadthaus des 16. Jh.: Valletta G-House (▶ S. 62).

Auf Gozo stehen die meisten der wenigen Hotels in den Badeorten Marsalforn und Xlendi. Vor allem aber gibt es dort auch viele modernisierte
Bauernhäuser als stimmungsvolle Feriendomizile mitten in alten Dörfern
oder in freier Natur zu mieten.

Alle maltesischen Hotels, Pensionen und Apartmenthäuser werden durch
die staatliche Tourismusbehörde kontrolliert und klassifiziert. Für alle
Unterkünfte außer für Hotels der Vier- und Fünf-Sterne-Klasse werden
offizielle Höchstpreise festgesetzt. Sie dürfen zwar unter-, nicht aber
überschritten werden. Das Rauchen ist in Hotels generell verboten.

PAUSCHALANGEBOTE NUTZEN

Die Konkurrenz unter den maltesischen Hoteliers ist groß. Reiseveran-
staltern werden deswegen außerordentlich günstige Preise eingeräumt.
Günstige Preise, oft sogar mit Tiefstpreisgarantie, bieten auch die großen
Hotelbroker wie www.booking.com, www.hotel.de oder www.hrs.de. Bil-
ligflieger wie Ryanair oder Easyjet fliegen Malta allerdings nicht von den
deutschsprachigen Ländern aus an.

In historischem Ambiente zu wohnen ist nur in der Inselhauptstadt Valletta, in Senglea/Isla, in Vittoriosa/Birgu und in Mdina möglich. Histo-
risch-ländliches Flair bieten die vielen **Ferienhäuser** auf der Schwesterinsel Gozo. Ausgesprochene **Strandhotels** abseits größerer Orte stehen an
der Golden Bay und im äußersten Norden Maltas zwischen der Paradise
und der Ramla Bay.

BESONDERE EMPFEHLUNGEN

Kempinski San Lawrenz   ⚓ B 1

Weit weg von allem – Das moderne,
öko-zertifizierte Luxushotel im Süd-
westen von Gozo wirkt wie eine Welt
für sich. Das 30 000 qm große Hotelge-
lände bietet nicht nur viel Platz für einen Park, sondern auch für Gemüse-
und Kräutergärten, deren Erträge in
der Hotelküche Verwendung finden.
Die viergeschossigen Hotelgebäude
bilden nahezu einen Halbkreis um die
großzügige Poolanlage unter Palmen,
fürs körperliche Wohlbefinden sorgt
ein exzellenter Spa-Bereich, in dem sogar Ayurveda-Kuren möglich sind. Die
Zimmer und Suiten sind in mediterranen Farben gehalten. Ein Hallenbad,
Tennis- und Squashplätze, zwei Restaurants und drei Bars runden das rei-
che Angebot ab.
San Lawrenz/Gozo | Triq ir-Rokon |
Tel. 22 11 00 00 | www.kempinski.com |
122 Zimmer | €€€–€€€€

Maritim Antonine 🏨 D 3

Im ursprünglichen Städtchen – Das moderne Hotel ist zwar groß, fügt sich aber dennoch harmonisch ins Gesamtbild des geschäftigen, noch sehr untouristischen Städtchens Mellieha mit seinen vielen Cafés, Restaurants und Weinbars ein. Linienbusse fahren direkt vor der Hoteltür ab. Pools im Garten und auf dem Dach, ein Innenpool und ein Spa, den auch die Einheimischen gerne aufsuchen, laden zum Verweilen ein. »On top« bietet die Penthouse Suite Platz für 4 bis 6 Personen, einen privaten Whirl Pool und einen fantastischen Blick. Das Hotel ist bei den Maltesern außerdem sehr beliebt, um Hochzeiten zu feiern. Vielleicht haben Sie ja Glück und können, zumindest als Zaungast, an einer teilnehmen. Mellieha | Borg Olivier Street | Tel. 22 89 20 00 | www.maritim.com.mt | 170 Zimmer | €€–€€€

Palazzo San Pawl 🏨 G 4

Nostalgie pur – In einem kleinen Palazzo aus dem 17. Jh. mit romantischem Innenhof, Dachterrasse mit Sonnenliegen und privatem Weinkeller wohnen die Gäste in geräumigen Apartments bei exzellentem Preis-Leistungs-Verhältnis. Die vier Apartments sind nach ehemaligen Großmeistern des Ordens benannt: Hompesch, Pinto, del Monte und Vilhena. Die warmherzigen Inhaber Norman und Michael sind selbst hier zu Hause, stehen bei Fragen mit Rat und Tat zur Seite. Bis zur Republic Street sind es nur etwa 100 m, der Busbahnhof ist gut 5 Minuten entfernt. Valletta | St. Paul's Street 318 | Tel. 99 42 31 10 | www.livinginvalletta.com | 4 Suiten | €€–€€€

Radisson Blu Resort & Spa, Malta Golden Sands 🏨 D 4

Direkt am Sandstrand – Wenn ein Hotel auf Malta die Bezeichnung »Strandhotel« wirklich verdient, dann dieses. Der leicht geschwungene, 9-geschossige Bau steht leicht erhöht über Maltas bestem Sandstrand und bietet die Möglichkeit, ohne Querung einer Straße ins Wasser zu gelangen. Keine Stadt ist in Sicht, der Blick fällt auf pure Ländlichkeit oder aufs Meer und die Steilküsten Maltas. Diesen Blick genießt man auch vom Ruheraum des eleganten Spa-Bereichs aus. Hotelgästen steht ein Privatstrand zur Verfügung. Das Hotel besitzt ein Öko-Zertifikat. Mellieha | Golden Bay | Tel. 23 56 10 00 | www.radissonblu.com/golden sandsresort-malta | 337 Zimmer | €€€– €€€€

Sally Port Senglea 🏨 G 5

Wie privat – Mitten im historischen Arbeiterstädtchen Senglea/Isla liegt diese Pension mit nur drei Zimmern. Sie sind geschmackvoll möbliert, verfügen über eine Küchenzeile und kostenlosen WLAN-Zugang. Zum Doppelzimmer gehört auch ein Balkon mit seitlichem Meerblick. Gemeinsam steht den Gästen eine Dachterrasse mit Hafenblick und eine Vollküche zur Verfügung, eine Linienbushaltestelle ist 5 Minuten entfernt. Senglea/Isla 175 | Triq iz-Zweg Mini | Tel. 99 47 87 78 | www.booking.com | €€

Ta' Cenc 🏨 B 2

Splendid Isolation – Am äußersten Rand des völlig untouristischen Dorfes Sannat verbirgt sich am Beginn einer felsigen, außer im Frühjahr fast kahlen Hochebene mit Blick aufs Meer und hinüber nach Malta in üppigen Gärten das kleine, öko-zertifizierte Luxushotel, in dem auch Willy Brandt einst gern zu Gast war. Einige der Bungalows haben die Form von Trulli, zwei Pools fügen sich in den Garten ein, zum hoteleigenen Privatstrand mit Restaurant pendeln Minibusse. Linienbusse halten direkt vor der Hoteleinfahrt. Auch ein Spa-Bereich ist vorhanden.

Sannat/Gozo | Cenc Street | Tel. 22 19 00 00 | www.tacenchotel.com | 83 Zimmer | €€€€

Westin Dragonara Resort 🚩 F 4

Ideal für Nachtschwärmer – Das moderne, öko-zertifizierte Großhotel ragt äußerst exponiert am Zugang zum tra-ditionsreichen Spielcasino Dragonara Palace bis zu sechs Stockwerke hoch direkt am Meer auf. Wer sich an der Größe nicht stört, genießt die mindestens 42 qm großen Zimmer, Innen- und Außenpool, die kostenlosen Liegen auf der Sonnenterrasse, das große Wassersportangebot, Spa- und Fitnesscenter sowie vor allem die unmittelbare Nachbarschaft von St. Julian's und Paceville mit unzähligen Restaurants, Pubs, Clubs und Diskotheken.

Paceville/St. Julian's | Dragonara Road 5 | Tel. 21 38 10 00 | www.westin malta.com | 340 Zimmer | €€€€

Weitere empfehlenswerte Adressen finden Sie im Kapitel MALTA UND GOZO ERKUNDEN.

Preise für ein Doppelzimmer mit Frühstück:

€€€€ ab 200 €	€€€ ab 140 €
€€ ab 60 €	€ bis 60 €

Einen schönen Blick auf das Mittelmeer und den modernen Jachthafen von Portomaso genießt man aus den Zimmern und Suiten des Hotels Hilton Malta (▶ S. 22).

ESSEN UND TRINKEN

Maltas Gastronomie-Szene gibt sich international, inzwischen besinnt man sich aber auch gerne auf traditionelle maltesische Rezepte. Und zu den Mahlzeiten schmeckt ein Glas der immer zahlreicher werdenden Inselweine.

Auf Malta kann man gut auf eine kulinarische Weltreise gehen. Viele erstklassige Restaurants bieten eine mediterran geprägte Küche, in der italienische und französische Elemente vorherrschen. An Sonn- und Feiertagen ist auch der typisch britische »**Sunday Lunch**« noch immer en vogue, in dessen Mittelpunkt verschiedene Braten mit schwerer Sauce und oft Yorkshire-Pudding als Beilage stehen. Nur einen Restaurant-Typ gibt es auf Malta noch nicht: rein vegetarische Restaurants.

Asiatische Restaurants haben auf Malta meist ein hohes Niveau. Man hat die Wahl zwischen Chinesen und Indonesiern, Koreanern, Malaien und Japanern, Indern und Pakistani, Thais und Mongolen. Auf der kulinarischen Weltkarte sind aber auch Polynesien und Albanien, Russland, Griechenland, Spanien und die arabischen Länder gut vertreten. Für Fast Food sorgen vor allem amerikanische Ketten, die man auch bei uns kennt,

◀ Marsovin, Maltas größter Weinproduzent,
veranstaltet jährlich ein Weinfest (▶ S. 46).

und türkische Döner-Buden. Echt maltesisch sind hingegen die vielen verschiedenen »pastizzi«, die man bei jedem Bäcker erhält: warme Blätterteigtaschen, die mit Spinat und Frischkäse, mit Ei, Erbsen und allerlei anderem gefüllt sein können. Als preiswerte Zwischenmahlzeit beliebt sind auch Salate und Sandwiches britischen Stils. Auch die urbritischen Fish & Chips werden vielfach angeboten.

INTERNATIONALE UND MALTESISCHE WEINE GENIESSEN

Eine relativ neue Errungenschaft auf Malta sind Dutzende von stilvollen Weinstuben (»Wine Bars«), die häufig in historischen Häusern und Kellergewölben angesiedelt sind. Hier werden ein breites Spektrum ausländischer Weine aus aller Welt und die zahlreicher werdenden maltesischen Weine in oft sehr romantischer Atmosphäre angeboten. Ob der **Wein** tatsächlich aus Malta stammt, ist auf dem Flaschenetikett ersichtlich. Dazu kann man Teller mit Käse, Wurst oder Schinken bestellen, manchmal auch Menüs. Gute Weinbars sind bei den Einheimischen so beliebt, dass man an Freitag- und Samstagabenden im Voraus reservieren sollte!

MALTESISCHE NATIONALGERICHTE

Ein erfreulicher Trend ist auch die stärkere Zuwendung maltesischer Köche zur einheimischen maltesischen Küche. Es gibt inzwischen viele gute Restaurants, die sich ganz darauf spezialisiert haben. Viele andere bieten zumindest einige maltesische Gerichte auf ihrer Karte an. Kaninchen gilt als Nationalgericht schlechthin, ebenso typisch maltesisch sind der Nudelauflauf »timpana«, die mit Hackfleisch und Ei gefüllte, hauchdünne Rindroulade »braggioli«, die Gemüsesuppe »minestras« und die reichlich mit Knoblauch aromatisierte Fischsuppe »aljotta«.

Frischer Fisch ist auf Malta ein wesentlicher Bestandteil der Menüs, ein Carpaccio von ganz unterschiedlichen Fischen ist darum auf Malta immer ein Hochgenuss. Grätenlose Schwert- und Thunfischsteaks, aber auch grätenreiche Rotbarben sind ausgezeichnet. Der maltesische Fisch schlechthin ist aber der **Lampuka**, der zwischen Mitte August und Ende November fangfrisch genossen werden kann. Sein feines weißes Fleisch wird entweder leicht in Olivenöl angebraten, im Ofen gebacken oder mit Teig, verschiedenem Gemüse, Eiern und Kräutern zu einer Fischtorte verarbeitet.

BESONDERE EMPFEHLUNGEN

Dolce Vita ◢◢ F 4

Thunfisch rare to medium – Die Terrasse des alteingesessenen, vor Kurzem aber komplett modernisierten italienischen Restaurants über der Baluta Bay bietet vor allem abends einen wunderbaren Blick auf das Wasser und die vielen Boote, die hier festgemacht sind. Die Küche punktet nicht nur mit speziellen Fischgerichten, sondern vor allem mit grandiosen Desserts.

St. Julian's | St. George's Road 8 | Penthouse Suite | Tel. 21 38 86 00 | www.dolcevita.com.mt | tgl. 18.45–23.30, Sa/So auch 12–14.30 Uhr | €€€

Il-Barri ◢◢ D 4

Kaninchen ganz deftig – Das moderne Restaurant am Dorfplatz von Mgarr sollte man zweimal besuchen. Vormittags öffnet einem der Wirt die Tür zum Mgarr Shelter, einem 225 m langen Stollen, den die Dorfbewohner im Zweiten Weltkrieg als Luftschutzkeller aus dem Malta-Stein hauten. Danach kann man sich mit einem deftigen maltesischen Bauernmahl stärken: Pferdefleisch oder zusammen mit Schweinebauch geschmortes Kaninchen.

Mgarr | Tel. 21 57 32 35 | www.il-barri. com.mt | Mgarr Shelter: Di–Sa 9–14, So 10–11.30 Uhr | Restaurant: Tel. 21 57 32 35 | tgl. 9–22 Uhr | €€

Il-Merill ◢◢ G 4

Klein und ursprünglich – Kleine Tavernen, in denen die Inhaberfamilie noch selbst kocht und bedient, sind auf Malta selten geworden. In diesem schlichten Lokal mit nur 32 Plätzen, 30 m von der Uferstraße entfernt, bereitet Melanie vor allem frischen Fisch und maltesische Spezialitäten zu, ihr Partner Patrick bedient herzlich und trotzdem professionell.

Sliema | St. Vincent Street | Tel. 21 33 21 72 | Mo–Fr 18–22, Sa 18.30–22 Uhr | €€

Leonardo ◢◢ G 6

Edel und stilvoll – Marsaxlokk ist vor allem für seine vielen guten, aber recht schlichten Fischrestaurants bekannt. Völlig aus dem Rahmen fällt da das edle Leonardo in einem stilvollen alten Haus mit schönem Garten auf der Rückseite. Hier steht die klassische mediterrane Küche im Vordergrund. Da lohnt sich das Menu de Degustation (32 €), wahlweise mit Schwerpunkt auf Fisch oder Fleisch. Außerhalb der Restaurantzeiten ist das Lokal ganztags als Café geöffnet.

Marsaxlokk | Xatt is-Sajjieda | Tel. 27 01 26 00 | www.southport.com.mt | Fr–So ab 19 Uhr | €€€€

Oleander ◢◢ C 1

Dorfplatzatmosphäre pur – Am Hauptplatz des ursprünglich gebliebenen Dorfes ist das Oleander das älteste von inzwischen fünf guten Restaurants, denen sich auch noch eine erstklassige Konditorei hinzugesellt hat. Zu den Klassikern auf der Karte gehören die entbeinten Wachteln (quails), die Ravioli und die Fischsuppe.

Xaghra/Gozo | Victory Square 10 | Tel. 21 55 723 0 | tgl. 12–15 und 18–22 Uhr | €€€

Rebekah's ◢◢ D 3

Französisch-mediterran – Das etwas versteckt gelegene Restaurant wird vom einzigen unabhängigen maltesischen Restaurantführer »The Definiteve(ly) Good Guide« als bestes maltesisches Restaurant außerhalb von Luxushotels bewertet. Gelobt werden das Carpaccio von Thunfisch und Lachs und die hausgeräucherte Entenbrust mit karamelisierten Kumquats.

Mellieha | Triq it-Tgham 12 | Tel. 21 52 11 45 | www.rebekahsmalta.com | €€€€

Ta' Marija   E 4

Folkloristisch – Hier gab es schon maltesische Küche und maltesische Folklore-Shows, als beides auf Malta noch weitgehend verpönt war. Die Inhaberfamilie kümmert sich nicht nur um Küche und Service, sondern bestreitet auch einen Teil des guten, keineswegs kitschigen Unterhaltungsprogramms. Freitags gibt es Folklore (von April–Okt. auch mittwochs), samstags Musik zum Tanzen. Donnerstags dreht sich

alles um Kaninchen, sonntags mittags wird ein »Carvery Buffet« aufgebaut.

Mosta | Tel. 21 43 44 44 | www.tamarija. com | Di–So 12–14.30, tgl. 18.30– 22.30 Uhr | €€€

The Villa Brasserie   F 4

Vornehm – Direkt an der Balluta Bay ist das große Lounge-Restaurant eine Oase der Stille. Die Küche ist ein mediterranes Cross-over und bietet auch vegetarische Gerichte.

St. Julian's | Main Street 40 | Tel. 23 11 22 73 | www.thevillamalta.com | tgl. 19.30–23, So auch 12–15.30 Uhr | €€€

Weitere empfehlenswerte Adressen finden Sie im Kapitel **MALTA UND GOZO ERKUNDEN**.

Preise für ein dreigängiges Menü:

€€€€	ab 35 €	€€€	ab 25 €
€€	ab 20 €	€	bis 20 €

Im rustikalen Ambiente mittelalterlicher Steinmauern wird vorzüglich gespeist: Das Rebekah's (▶ S. 28) in Mellieha bietet eine mediterrane Küche und eine große Weinauswahl.

Grüner reisen
Urlaub nachhaltig genießen

Wer zu Hause umweltbewusst lebt, möchte vielleicht auch im Urlaub Menschen unterstützen, denen ein verantwortungsvoller Umgang mit der Natur am Herzen liegt. Empfehlenswerte Projekte, mit denen Sie sich und der Umwelt einen Gefallen tun können, finden Sie hier.

Umweltschutz und Umweltbewusstsein stecken auf Malta bislang noch in den Kinderschuhen. Der Inselstaat ist klein, die Malteser nutzen das verfügbare Land extensiv für bauliche Aktivitäten. Umweltschützende Maßnahmen und ökologischer Landbau werden zugunsten von Produktivitätssteigerung oftmals zurückgestellt. Zudem gibt es auf Malta keine grüne Partei, die das Bewusstsein der Öffentlichkeit für grüne Themen schärfen könnte. Seit Maltas Beitritt zur Europäischen Union sorgen jedoch Druck und Geld aus Brüssel für Veränderungen. Es zeichnet sich eine Trendwende, ein Hoffnungsschimmer am Horizont ab, der vielen Mut macht, denen die grüne Thematik am Herzen liegt. Dazu zählen etwa die Gaia Foundation, die mit dem Schutz der beiden Natura-2000-Schutzgebiete auf Malta und Gozo betraut ist, und die Ager Foundation, die sich die Förderung nachhaltigen Tourismus auf Gozo auf die Fahnen geschrieben hat. Dazu gehören aber auch engagierte Ökobauern oder findige Laden- und Restaurantbesitzer wie Christophe Ladret und

Mario Schembri, die nach Möglichkeit nur Nahrungsmittel aus ökologischem Anbau und Waren aus fairem Handel anbieten.

Schon seit 2002 vergibt die maltesische Tourismusbehörde an Hotels ein Öko-Siegel, dessen Bedingungen nach einer Revision 2012 jetzt auch ernst genommen werden können. 23 Unterkünften ist dieses Siegel bisher verliehen worden, fünf weitere haben es zur Zeit beantragt. Insgesamt 89 Kriterien spielen bei der Vergabe eine Rolle. Sie betreffen nicht nur das Energie-, Abfall- und Abwassermanagement des Hauses, sondern auch Luftqualität und Umweltfreundlichkeit der Reinigungsmittel, Personalausbildung sowie die Kommunikation mit dem Gast. Eine vollständige Liste der zertifizierten Hotels kann unter www.mta.com.mt/eco-hotels aufgerufen werden.

ORGANISCHER LANDBAU

Um die Verbreitung der Idee der organischen Landschaft bemüht sich insbesondere die Nichtregierungsorganisation MOAM (Malta Organic Agriculture Movement). Ihr Ziel ist es, dass zumindest auf Gozo eines Tages nur noch organische Landwirtschaft betrieben wird. Produzenten, die jetzt schon ein entsprechendes Öko-Zertifikat erlangt haben, sind auf ihrer Homepage www.moam.org.mt gelistet.

ALTERNATIVEN ZUM AUTO

Die Zahl der Kraftfahrzeuge auf Malta ist fast ebenso hoch wie die der Einwohner. Das öffentliche Transportsystem hat sich zwar seit 2012 stark verbessert, die Busse sind weitaus umweltfreundlicher geworden – aber viele Malteser ziehen dennoch weiterhin trotz aller Parkprobleme das eigene Fahrzeug vor. Zumindest der Urlauber aber kann teilweise auf einen Mietwagen verzichten und öffentliche Verkehrsmittel nutzen. Das gilt insbesondere für den Besuch von Valletta und Vittoriosa/Birgu. Beide Städte sind auch mit Fähren erreichbar: Valletta von Sliema Ferry, Vittoriosa vom Old Customs House in Valletta aus. Beide Fähranleger Vallettas sind durch Minibusse miteinander verbunden.

Wer nicht gut zu Fuß ist, kann in Valletta und Mdina auch eine Rundfahrt mit der Pferdedroschke unternehmen. In Valletta stehen außerdem tagsüber elektrisch betriebene Mini-Cabs für Fahrten im Stadtgebiet zur Verfügung. Sie können vor der St. John's Co-Cathedral bestiegen oder telefonisch gerufen werden (Tel. 77 41 41 77). Innerhalb Vallettas zahlen bis zu 3 Personen pauschal 5 €, zum Kreuzfahrt-Terminal und zur Valletta Water Front kostet der Trip 8 €.

ÜBERNACHTEN

The Xara Palace Relais & Chateaux

⚑ E 5

Das einzige Hotel in der Stadt Mdina hat zwar noch kein Öko-Siegel, verdient aber trotzdem ein Lob. Es kann ja schon als ein Schritt in die richtige Richtung verstanden werden, wenn historische kleine Gebäude zu niveauvollen Hotels abseits des Massentourismus umgestaltet werden, statt einen riesigen Neubau zu erstellen. Par excellence ist das mit dem von der Inhaberfamilie Zammit Tabona selbst geführten Xara Palace innerhalb der mittelalterlichen Stadtmauern von Mdina gelungen. Seine nur 17 Gästezimmer nehmen einen Palast aus dem 17. Jh. ein und sind durchwegs mit Antiquitäten eingerichtet. Küchenchef Kevin Bonello strebt mit dem Restaurant »de Mondion« auf der Dachterrasse den ersten Michelin-Stern Maltas an, wobei er auf eine frische »Mittelmeer-Diät« mit vielen lokalen Ingredienzien setzt.

Malta, Mdina, Misrah il-Kunsill | Tel. 21 45 05 60 | www.xarapalace.com.mt | Restaurant Mo–Sa 19.30–22.30 Uhr | €€€€

Farmhäuser auf Gozo

Das nachhaltigste Urlaubsangebot der Inselrepublik sind die zahlreichen modernisierten Farmhäuser, die überall auf Gozo als Feriendomizile angeboten werden. So wurde viel historische Bausubstanz bewahrt, auch kleine Dorfkrämer und -cafés bekamen neue Einnahmequellen. Für die Warmwasseraufbereitung wird meist auf Solarenergie zurückgegriffen, Klimaanlagen sind wegen der dicken, kühlenden Natursteinmauern kaum nötig. Der private Pool ist allerdings ein häufiges Zugeständnis an die heißen Sommer.

Buchbar über viele deutsche Reiseveranstalter, über die offizielle Website der Insel www.visitgozo.com oder über private Vermittler auf Gozo, etwa bei:

Gozo Village Holidays

Victoria, 11 Cappuchin's Street | Tel. 21 55 72 55 | www.gozovillageholidays. com | €€ bis €€€

First Gozo

Victoria, 47 Sabina Square | Tel. 79 56 23 84 | www.firstgozo.com | €€ bis €€€

ESSEN UND TRINKEN

The Cliffs

⚑ E 5

Das Restaurant in einem energieneutralen Neubau pflegt eine kreative maltesische Küche und verwendet dafür möglichst nur Zutaten, die in unmittelbarer Umgebung erzeugt werden. So stammt das verwendete Olivenöl von Ölbäumen aus der Umgebung von Dingli und das Fleisch für die leckere Kaninchen-Roulade aus der Zucht benachbarter Bauern. Chutneys und Marmeladen stellt die Küche selbst her, auch Kräuter werden hier gesammelt und getrocknet. Ein besonderer Clou ist der »One Kilometer-Platter« – ein Vorspeisenteller, auf dem alles Gebotene aus einem Umkreis von nur einem Kilometer stammt. Zum erst im November 2012 eröffneten Restaurant gehört auch ein kleines Natur-Informationszentrum, ein Mountainbike-Verleih wiederum ist geplant.

Dingli Cliffs (Vizitaturi) | Tel. 21 45 54 70 | www.thecliffs.com.mt | Mi–Mo ab 10.30 Uhr | €€

Il-Wileg 🌿 C2

Martin Portelli, Inhaber des Farmhaus-Restaurants in einem der ruhigsten Teile des ohnehin ruhigen Gozo, ist Naturliebhaber und Pflanzenfreund. Hinterm Haus baut er organisch seine Kräuter an, einmal wöchentlich unternimmt er mit Gästen Bio-Wanderungen auf der Insel mit anschließendem Lunch in seinem Lokal. Sein maltesisches Kaninchen im Strudelteig ist ebenso lecker wie sein Lamm-Curry mit Papadam und Basmati-Reis, viele dieser Zutaten stammen von gozitanischen Bauern.

Triq i-Wileg, Qala/Gozo | Tel. 21 56 07 50 | www.lesolives.com | Mo, Mi–Sa ab 18.30 Uhr, Bio-Wanderungen mittwochs, nur mit Voranmeldung, 27 € | €€€

Mojos 🌿 B2

Das einfache, überwiegend von Einheimischen frequentierte Restaurant wird von gozitanischen Grünen wegen seiner stets frischen, zumeist regionalen Zutaten, seines üppigen Frühstücks und seines Angebots an vegetarischen Gerichten gelobt. Die Atmosphäre ist sehr leger, die Preise sind günstig. Inhaberin Claire Borg veranstaltet auch Mini-Kochkurse.

Republic Street/Fortunato Mizzi Street, Victoria/Gozo | Tel. 21 56 95 96 | tgl. 9–18 Uhr | €

Ta' Frenc 🌿 B1

Der Clou des gozitanischen Spitzenrestaurants in einem alten Farmhaus aus dem 17. Jh. ist der kleine Kräutergarten, aus dem sich die Küche stets frisch bedient. Auch sonst setzen Chef Mario Schembri und sein Team auf Inselprodukte, beziehen ihr Schweine- und Lammfleisch sowie die Wachteln vom gozitanischen Vertragszüchter. Gern würden sie mehr Bioware einsetzen – aber die ist auf Malta bislang fast nicht zu bekommen.

Gozo, Triq Ghajn Damma (nahe der Straße zwischen Marsalforn und Victoria) |

Auch eine Möglichkeit, die Städte Valletta und Mdina im Inselzentrum zu erkunden, ist eine Fahrt mit der Pferdekutsche, wobei die Preise hierfür oft selbst ausgehandelt werden müssen.

Tel. 21 55 38 88 | www.tafrencrestaurant.
com | Mi–Mo 12–13.30 und 19–22,
Jan.–März nur Fr–So 12–13.30 und Fr, Sa
19–22 Uhr | €€€€

EINKAUFEN

Organika   🔖 B 2

»Gozo goes organic« ist das Motto des
französischen Musikers Christophe
Ladret und seiner Frau Charlotte. 2008
eröffneten sie am intimsten Platz der
Inselhauptstadt Victoria einen kleinen
Laden. Als erster der Insel bietet er
Nahrungsmittel aus ökologischem An-
bau und Waren aus fairem Handel an.
Aber nur langsam werden Gozitaner
und Malteser auf ihn aufmerksam.
Überleben kann er nur dank der auf
Gozo ansässigen Ausländer und der
Touristen. Marmeladen, Oliven, Olivenöl, Käse und kleine Leckereien
stammen von einem gozitanischen
Öko-Bauern. Naturkosmetika wie Lip-
penbalsam mit Mandarinenaroma
oder Naturseifen stellt das britisch-go-
zitanische Paar Martin Roddis und
Monica Zammit in Victoria her. Das
Meersalz kommt aus gozitanischen Salinen, den preisgünstigen Kupfer-
schmuck fertigt der auf Gozo lebende
Schotte Jackie Roberts. Man versucht,
ein ökologisch-alternatives Netzwerk
zu schaffen, und weiß, dass man einen
langen Weg vor sich hat.

Gozo, Victoria, St. George's Square 13 |
Tel. 27 01 55 48 | www.organika.com.mt |
im Sommer Mo–Fr 10–18, Sa 10–16 Uhr,
im Winter Mo–Sa 10–14.30 Uhr, im Jan.
geschl.

AKTIVITÄTEN

Ager Foundation

Der Förderung eines nachhaltigen
Tourismus auf Gozo hat sich die
vom gozitanischen Lehrer Victor Galea
gegründete Non-Profit-Organisation
Ager Foundation verschrieben. Sie ermöglicht Interessenten, nach rechtzei-
tiger Voranmeldung einen ungewöhn-
lichen Tag auf der Insel zu verbringen.

Sich einen ganzen Urlaubstag lang auf Gozo nur mit der Herstellung von Käse zu beschäftigen,
ermöglicht die Ager Foundation (▶ S. 34), die nachhaltigen Tourismus fördert.

Man kann von morgens bis abends auf einem Bauernhof zu Gast sein, beim Ziegen- und Kuhmelken zuschauen, Käse selbst herstellen, mit dem Imker Honig sammeln, mit dem Fischer aufs Meer hinausfahren oder im Herbst auch bei der Weinlese und -herstellung dabei sein. Außerdem vermittelt Ager Touren zur Vogelbeobachtung mit einheimischen Experten. Umgangssprache ist Englisch, im Voraus minutiös festgelegte Programme und angesetzte Termine gibt es nicht. Darum wird empfohlen, sich möglichst frühzeitig per Mail oder telefonisch an Victor Galea zu wenden.

Gozo | Tel. 79 01 70 17 | www.ager foundation.com

Gaia 🌿 D 4

Schon gut etabliert ist die 1996 gegründete Gaia Foundation, die inzwischen auch vom Landwirtschaftsministerium Maltas, der EU und dem deutschen Reiseveranstalter Studiosus unterstützt wird. Sie ist mit der Verwaltung und dem Erhalt der beiden Natura-2000-Schutzgebiete um die Ghajn Tuffieha Bay auf Malta und um die Ramla Bay auf Gozo beauftragt, führt Seminare für veränderungswillige Landwirte durch, betreibt bei Ghajn Tuffieha ökologischen Landbau und eine Baumschule vor allem für Olivenbäume und indigene Pflanzen und Sträucher. Wer einen anderen Urlaub auf Malta verbringen will, kann sich hier als freiwilliger Helfer für diverse Tätigkeiten melden, wer Nachhaltiges hinterlassen möchte, kann eine Baumpatenschaft übernehmen. Ausführlich kann man sich über Gaia im Elysium Centre an der Ghajn Tuffieha Bay informieren,

wo Samstagmorgens auch ein Öko- und Fair-Trade-Markt stattfindet, bei dem Malteser gern Gartenpflanzen und ihr Bio-Olivenöl der Gaia-Marke »Athena« kaufen.

Malta, Elysium Centre (an der Straße vom Golden Beach nach Mgarr) | Tel. 21 58 44 74 | www.projectgaia.org | Sa 9–13 Uhr | Baumpatenschaft 14 €

Ghadira Natural Reserve 🌿 D 3

Als die Malta Ornithological Society 1962 gegründet wurde, schossen maltesische Vogeljäger alljährlich etwa 25 Fischadler, 500 Wespenbussarde, 1650 Falken und 50 000 Lerchen. Für 600 000 Zugvögel wurde Malta jedes Jahr zur Todesfalle. Die etwa 1500 Mitglieder der MOS sahen ihre Hauptaufgabe darin, bei Jugend und Erziehern für ein neues Naturschutzbewusstsein zu werben. Ein sehr wichtiger Meilenstein war 1978 die Schaffung eines ersten Vogelschutzgebiets. Ein 2 ha großes Grundstück mit Salzmarschen und Feuchtgebieten wurde eingezäunt. Man errichtete darin ein kleines Informationszentrum und legte auf zwei Beobachtungsständen Ferngläser aus. Jagd- und Fallenstellen im Umkreis von 500 m wurden verboten. So kann man jetzt ein Bild vermitteln, wie reich das Vogelleben auf Malta ohne illegale Jäger wäre. Die Website der Organisation informiert auf Englisch ausführlich über ihre Aktivitäten, über die immer noch existierenden Probleme mit Jägern und Möglichkeiten, z.B. durch die Unterzeichnung von Petitionen selbst aktiv zu werden.

Malta, Mellieha Bay, Coastal Road | www.birdlifemalta.org. | Nov.–Mai Sa, So 10–16 Uhr | Eintritt frei

EINKAUFEN

Auf Malta und Gozo treffen Tradition und Moderne aufeinander, das merkt man spätestens beim Einkaufen. Die Kunsthandwerkszentren der Inseln bieten Handgefertigtes, während die Shoppingmalls international bekannte Markenware präsentieren.

Malta ist kein Einkaufsparadies. Das schont die Urlaubskasse. Hochwertige Souvenirs aus einheimischer Produktion sind bestenfalls farbiges, auf den Inseln mundgeblasenes **Glas** und **Silberfiligranschmuck**. Ein beliebtes Motiv sind dabei Malteserkreuze als Anhänger und Ohrringe. Die **Klöppelarbeiten** der gozitanischen Frauen haben zwar eine lange Tradition und dienen ihnen noch heute als Nebenerwerb. Den Geschmack der Zeit treffen ihre mit Spitzen besetzten Deckchen, Stolen und Taschentücher ebenso selten wie die handgestrickten Pullover und Jacken. Den besten Überblick über das Schaffen maltesischer Kunsthandwerker geben die **Kunsthandwerkszentren** Ta' Qali auf Malta und Ta' Dbiegi auf Gozo. Souvenirs, die mitzunehmen sich auf jeden Fall lohnt, sind ein paar Kulinaria vor allem aus Gozo: eingelegte Oliven und Kapern, sonnengetrocknete Tomaten, Marmeladen, Honig, Liköre und Weine. Sie kann man

◀ Beliebtes Mitbringsel: eine farbige Vase
oder Schale der Manufaktur »Mdina Glass«.

auch gut noch am Flughafen kaufen, was sich für Flüssigkeiten ohnehin
wegen der Sicherheitsvorschriften empfiehlt.

Angenehm bemerkbar macht sich in Malta das weitgehende Fehlen großer internationaler Einzelhandelsketten. Nur Lidl und der britische Wa-
renhauskonzern Marks & Spencer haben hier Fuß gefasst. Ansonsten
überwiegen kleinere Läden, die sich allerdings bevorzugt in Shopping
Malls zusammenfinden. Das hat den Vorteil, dass sich ein Einkaufsbum-
mel auch gut an Tagen mit Regen oder prallem Sonnenschein unternehmen lässt. Die Geschäfte in diesen Malls führen vor allem bekannte internationale Schuh- und Mode-Labels, hochwertige Uhren und Schmuck.

Mehr Lokalkolorit herrscht freilich in der traditionellen Haupteinkaufs-
straße Vallettas, der Republic Street. Hier findet man zwischen Souvenir-
und Textilgeschäften auch einige Buchhandlungen und im unteren Teil
mehrere Werkstätten traditioneller Silberschmiede.

Obst und Gemüse kaufen die Malteser gern an den Wagen fahrender
Händler, die vielerorts am Straßenrand stehen, oder auf den **Wochen-**
und **Sonntagsmärkten**, wo auch viele billige Textilien und Reisemit-
bringsel unter das Volk gebracht werden.

Die **Ladenöffnungszeiten** sind Montag bis Samstag von 9 bis 13 Uhr,
Montag bis Freitag auch 16 bis 19 Uhr. In den Shoppingmalls haben die
Geschäfte meist durchgehend geöffnet, Souvenirläden bis 22 Uhr.

BESONDERE EMPFEHLUNGEN

BÜCHER

Word for Word ▰ G 4

Die Buchhandlung hat sich auf Literatur aus und über Malta spezialisiert,
verkauft aber auch Malta-Souvenirs.
Valletta | Castille Place 4 | Tel. 25 59
46 03 | Mo–Fr 8.30–17 Uhr

EINKAUFSZENTREN

Arcadia Commercial Centre ▰ B 2

Gozos modernste Shoppingmall passt
sich der Kleinheit und Gemütlichkeit
der Insel an.

Victoria | Fortunato Mizzi Street/Re-
public Street | www.arkadia.com.mt |
Mo–Sa 9–19, So 10–13 und 16–19 Uhr

The Point ▰ G 4

Maltas größte und modernste Shoppingmall mit über 40 Geschäften, verteilt auf vier Ebenen.
Sliema | Tigne Point | www.thepoint
malta.com | Fr–Mi 9.30–19.30, Do 9.30–
21 Uhr

Weitere Geschäfte und Märkte finden Sie im
Kapitel MALTA UND GOZO ERKUNDEN.

SPORT UND STRÄNDE

Für Wassersportler ist Malta mit seinen Sandstränden und Felsbuchten ein geeignetes Reiseziel. Ob Schwimmen, Tauchen, Surfen oder Bootfahren: Die meisten Sportmöglichkeiten rund um die Inseln bietet immer noch das Meer.

Malta ist kein ideales Ziel für Urlauber, die in ihren Ferien hauptsächlich Sport betreiben wollen. Dafür gibt es im Mittelmeerraum viele besser geeignete Destinationen. Die einzige Ausnahme bildet der Tauchsport. Da ist das Angebot sehr groß. Für den, der nur nebenbei gelegentlich auch einmal sportlich aktiv werden will, bietet Malta aber ein ausreichend abwechslungsreiches Programm vom Wassersport bis hin zu Wandern und Golfen. Und obwohl es keine Berge gibt, kann man auf Malta sogar klettern. Windsurfer wissen die geringen Entfernungen auf Malta zu schätzen: Weil jeder Punkt der Insel von überall her schnell zu erreichen ist, kommt man auch an windigen Tagen immer problemlos auf die Lee-, die dem Wind abgewandte Seite der Insel. Surfer haben so die Möglichkeit, sich das für ihre jeweilige Leistungsstärke passende Revier auszusuchen. Auch für faule Tage ist gesorgt. Liegestühle und Sonnenschirme werden

◄ Ein Surfer am Strand des Naturschutzgebietes Ghadira National Reserve (▶ S. 35).

an den stärker frequentierten Stränden und Badeplätzen tageweise vermietet. Die Mitnahme einer Gummimatte (um weicher zu liegen) und von Badeschuhen (um sich vor Seeigeln und zu heißem Sand zu schützen) ist zu empfehlen. Und Damen dürfen auf keinen Fall das Bikini-Oberteil vergessen. Da sind Maltas Sittenwächter streng.

Wellness wird auf Malta und Gozo inzwischen ganz groß geschrieben. Zahlreiche Hotels bieten ein breites Spektrum auf hohem Niveau. Im Kempinski auf Gozo kann man eine Ayurveda-Kur durchführen, im Fortina Spa Resort in Sliema einen Wellness-Urlaub in der luxuriösen Wellness-Suite mit privatem Pool verbringen.

ANGELN UND HOCHSEEFISCHEN

Das Angeln von der Küste aus im Meer ist grundsätzlich erlaubt, ein Angelschein wird nicht benötigt. Für Hochseeangler gibt es im Sommerhalbjahr mehrere Angebote.
Extreme Boat Fishing: Sliema Ferry | Tel. 79 83 58 47 | www.extremeboatfishing malta.com | tgl. 8–13 Uhr | inkl. Transfer, Snacks und Getränke 70 €

BIKING

Außerhalb von Maltas Städten, wenn man sich in freier Landschaft bewegt, macht Radfahren viel Spaß. Inzwischen gibt es mehrere Bike-Vermieter, die zum Teil auch geführte Touren anbieten. Sehr beliebt auch bei jüngeren Leuten sind inzwischen E-Bikes, die man bei einer international renommierten Autovermietung sogar schon am Flughafen übernehmen kann.
– Ecobikes: Buggiba | Triq L-Imsel 8 | Tel. 27 50 00 22 | www.bikerentalmalta. com (auch E-Bikes) | MTB 10 €/Tag, 50 €/ Woche, E-Bike 15 €/Tag, 90 €/Woche

– Greenbike: Sliema | Triq Manwel Dimech 20 | Tel. 27 03 16 33 | Facebook: corrygreenbike | E-Bike 20 €/Tag, 110 €/ Woche, E-Mountainbike 24 €/Tag, 115 €/ Woche
– Hertz Bike Hire: Luqa Airport | Ankunftshalle | Tel. 21 23 28 11 | www.hertz. com.mt (nur E-Bikes, Übernahme am Flughafen möglich) | 25 €/Tag, 70 €/ Woche
– Malta Cross: Ghargur | Tel. 77 66 68 33 | www.maltacross.com (nur geführte E-Bike-Touren) | Tour (4 Std.) auf Malta inkl. Lunch 55 €
– On Two Wheels: Marsalforn/Gozo | Triq il-Qbajjar 36 | Tel. 21 56 15 03 | www.abacusgozo.com | MTB 13 €/Tag, 41 €/Woche

GOLF

Maltas einziger Golfplatz (5054 m, Par 68) wurde schon 1904 erstmals nahe Valletta auf dem Gelände des Marsa Sports Club angelegt und seitdem mehrfach verändert und technisch modernisiert. Außer an Donnerstag- und Samstagvormittagen sind Gäste

mit Platzreife stets willkommen. Nach Voranmeldung steht auch ein deutschsprachiger Coach zur Verfügung.
– Royal Malta Golfclub: Marsa | Aldo Moro Street | Tel. 21 22 37 04 | www.royalmaltagolfclub.com | Greenfee 60 € (für Gäste von Clubmitgliedern 47 €)
– Golf-Coach Henning Schulze-Döring: Tel. 99 42 21 69 | www.golfschule-malta.de | Einzelunterricht 40 €/45 Min., Gruppenkurs 20 €/60 Min.

JACHTCHARTER

Malta ist kein klassisches Segelrevier, da die Zahl attraktiver Anlaufhäfen ringsum recht gering ist. Man kann aber Segel- und Motorjachten mit oder ohne Skipper tageweise chartern.
– Nautica: Gzira | Msida Road 21 | Tel. 21 34 51 39 | www.nautica.com.mt
– Sunseeker: St. Julian's | Portomaso Marina | Tel. 21 38 56 78 | www.sunseekermaltacharters.com

MARATHONLAUF

Alljährlich findet am letzten Sonntag im Februar oder am ersten Sonntag im März der »Vodafone Malta Marathon« statt. Teilnehmer können zwischen der vollen Länge und einem Halbmarathon wählen. Start ist in Mdina, Ziel ist Sliema. Anfang November wird zudem in Zurrieq der »Express Trailers Zurrieq Half Marathon« ausgetragen.
In drei Tagesetappen verläuft der »Malta International Challenge Marathon« Ende November. Die erste Etappe startet am Wignacourt Tower an der St. Paul's Bay und endet auf dem Freedom Square von Valletta (25 km), die zweite führt rund um Birzebugga (6 km), die dritte von Mdina zu den Dingli Cliffs und zurück (11,195 km).

www.maltamarathon.com, www.marathonchallengemalta.com

OUTDOOR-AKTIVITÄTEN

Rock Climbing, Abseiling, Sea Level Traversing, Offroad Biking und Trail Running sind extreme sportliche Aktivitäten, die Spezialbüros auf Malta und Gozo organisieren. Ohne deren Hilfe ist die Durchführung kaum möglich. Man kann die Aktivitäten einzeln, aber auch im Paket buchen.
– MC Adventure: Birkirkara | Psaila Street 150 | Tel. 77 51 49 63 | www.mcadventure.com.mt | Rock-Climbing für Anfänger 40 €/2 Std. | Offroad-Biking für Anfänger 75 €/2 Std.
– Gozo Adventures: Victoria/Gozo | Triq Sant Indrija 7 | Tel. 99 99 46 89 | www.gozoadventures.com | Rock Climbing 65 €/ganztags inkl. Lunch

REITEN

Ausritte für Reiter mit Grundkenntnissen bietet der Reitstall an der parallel zur Uferstraße an der Golden Bay verlaufenden Straße. Etwa 16 Pferde stehen im Stall des fleißigen Familienbetriebs. Ein zweiter Reitstall liegt weiter landeinwärts beim Weiler Bidnija. Die Ausritte führen abseits des Meeres durchs ländliche Malta.
– Bidnija Horse Riding: Nidnija | Triq Il-Bdiewa (ausgeschildert an der Burmarrad Road zwischen Mosta und St. Paul's Bay) | Tel. 79 99 23 26 | www.bidnijahorseriding.com | tgl. 9 Uhr bis Sonnenuntergang | Ausritte ab 25 €
– Golden Bay Horse Riding: Tel. 21 57 33 60 | www.goldenbayhorseriding.com | Sommer tgl. 8–20, Winter tgl. 9–17 Uhr, geführter Ausritt (90 Min.) 30 €, geführter Strandritt (1 Std.) 20 €

SEEKAYAKS

Die dreistündigen Seekayaktouren entlang der Nordostküste Maltas können auch Anfänger unternehmen. Für die Ganztagstouren nach oder sogar rund um Comino ist hingegen schon etwas Erfahrung nötig. Alle Touren starten am Big Blue Beach Lido in Mellieha.

Seekayak Malta: Mellieha | Big Blue Lido Beach | Tel. 99 99 45 92 | www.sea kayakmalta.com | geführte Halbtagstour 45 €

TAUCHEN

Zur Teilnahme an Tauchkursen benötigt man ein ärztliches Gesundheitsattest, für die Erlaubnis zu Tauchgängen ohne Begleitung amtlich anerkannte Tauchscheine und einen Partner. Bei den zahlreichen Tauchschulen der Insel kann man Kurse buchen und die Ausrüstung leihen. Prüfungen werden nach internationalen Richtlinien abgenommen. Eine Liste aller Tauchschulen ist beim Fremdenverkehrsamt von Malta kostenlos erhältlich. Empfehlenswert sind u. a.

– Atlantic Diving Centre: Marsalforn/ Gozo | Tel. 22 19 00 00 | www.atlantis gozo.com | Schnuppertauchgang 40 €, 10 begleitete Tauchgänge 190 €

– DiveMed: Marsascala | Zonqor Point | Tel. 21 63 99 81 | www.divemed.com | Schnuppertauchgang 35 €

– Maltaqua Diving Trips: St. Paul's Bay | Mosta Road | Tel. 21 57 11 11 | www.maltaqua.com | Juniorenkurse (10–14 J.) 200 € | Schnuppertauchgang 45 €

– Nautic Team: Marsalforn/Gozo | Tel. 21 55 85 07 | www.nauticteam.com/ gozo | Schnuppertauchgang 49 €

Wandern auf Malta und Gozo bedeutet, Städte und Touristenzentren hinter sich zu lassen und die Inseln von einer anderen Seite zu entdecken: bizarre Küstenlandschaft auf Gozo.

WANDERN

Dem ambitionierten Wanderer wird es auf Malta nicht leicht gemacht. Es gibt keine expliziten Wanderwege und nur sporadisch Wegweiser, viele ländliche Feldwege sind privat und für Wanderer gesperrt. Wer individuell wandern will, findet jedoch in Buchhandlungen englischsprachige Wanderführer. Deutschsprachig geführte Tageswanderungen auf Malta und Gozo bieten Annette Meier aus Deutschland und ihre niederländische Partnerin Siona an, die schon lange in Malta leben. Mit großem Engagement und viel Wissen gehen sie fast täglich mit Gästen auf Tour. Wandern auf Malta: Annette Meier | Xewxija | Sun Lodge | Triq Il Maqges Megalitiku 9 | Tel. 27 57 02 63 | www. wandernaufmalta.com

WASSERSPORT

Für Wassersportler ist der Norden Maltas das beste Revier. Hier gibt es an mehreren Stränden Wassersportstationen, die Wasserski, Windsurfen und Fallschirmsegeln, Tret- und Motorboote anbieten. Besonders gut sind:
– Borg Water Sports: Golden Bay | Tel. 21 57 32 72 | peterborg62@gmail.com
– Gnejna Water Sports: Mgarr | Gnejna Bay | Tel. 79 60 41 27 | www.gnejna watersports.com | Wasserski 30 €/15 Min., Tretboot 10 €/Std., Kanu 4 €/Std. (1 Pers.), 10 €/Std. (2 Pers.), Motorboot 30 €/ Std. (10 Ps), 40 €/Std. (20 PS)
– Oh Yeah Watersports: Mellieha | Tunny Net Complex | Marfa Road | Tel. 21 52 32 58 | www.ohyeahmalta.com | Fallschirmsegeln 45 Min. (1 Pers.), 65 € (2 Pers.), 90 € (3 Pers.), Tretboot 12 €/Std., Jet Ski 45 €/20 Min. (1 Pers.), 50 €/20 Min. (2 Pers.)

STRÄNDE AUF MALTA

Armier Bay   D 3

Die Bucht an der Nordküste Maltas mit ihrem etwa 100 m langen Sandstrand ist mit Restaurants, Souvenirgeschäften und einem kleinen Wassersportangebot erschlossen.

Ghajn Tuffieha Bay   D 4

Der etwa 200 m lange Sandstrand in dieser Bucht an der Nordwestküste der Insel ist noch völlig unverbaut. Über Treppen gelangt man zu ihm hinunter. Schöne Felskulisse.

Ghar Lapsi   E 6

Die kleine Bucht ist ein uriger Badeplatz. Man liegt entweder in winzigen Grotten mit etwas Sand- oder Kieselboden oder auf Betonterrassen.

Gnejna Bay   D 4

Der Sandstrand in der Nähe des Dorfes Mgarr ist noch unverbaut. Zahlreiche Bootsschuppen in den Kalksteinfelsen der die Bucht flankierenden Küste bieten ein buntes Bild. Statt eines Restaurants versorgen im Sommer Verkäufer vom Kleintransporter aus die Besucher mit Eis und Chips. Es werden Surfbretter, Motorboote, Jetski, Wasserski und Kanus verliehen.

Golden Bay   D 4

Die Nachbarbucht der Ghajn Tuffieha Bay säumt einer der schönsten und breitesten Sandstrände Maltas. Der Komplex des Golden Sands mit Hotel, Wellness-Zentrum und Eigentumapartments ist zwar dominierend, aber das Hinterland noch von Feldern und sogar gelegentlich hier weidenden Schafen geprägt.

Mellieha Bay   D 3

Um eine Badebucht im Norden der Insel sind zahlreiche neue Ferienapartments entstanden. Der Sandstrand ist der längste Maltas, insbesondere an Wochenenden aber sehr voll. Parkplätze in Strandnähe sind dann kaum zu bekommen. Das am Hang gelegene gleichnamige Städtchen hat einen pittoresken Ortskern.

Paradise Bay   D 3

In unmittelbarer Nähe des Anlegers von Cirkwwa steht das Hotel Paradise Bay. Es ist nach einer benachbarten Bucht benannt, deren etwa 100 m langer Sandstrand besonders bei Kindern beliebt ist. Eine Strandtaverne ist vorhanden.

Peter's Pool   H 6

Die kleine Badebucht, nördlich des Fischerdorfes Marsaxlokk auf der Landzunge Delimara gelegen, wird gerne von Einheimischen genutzt. Badeschuhe zu tragen ist dringend anzuraten.

Ramla Bay   D 3

Der kleine Strand an der Nordküste ist einer der wenigen Sandstrände Maltas. Er liegt auf dem Grundstück des gleichnamigen Hotels.

St. Thomas Bay   H 5

Die teils mit Sandstrand, teils mit Felsen ausgestattete Bucht liegt nahe Marsascala im Südosten Maltas. Man erreicht sie von Valletta aus auch direkt mit dem Linienbus.

White Tower Bay   D 2

Die kleine, nicht sehr saubere Bucht ist von Ferienhäusern umstellt.

STRÄNDE AUF GOZO

Dahlet Qorrot   C 1

Der etwa 30 m lange Sandkiesstrand mit kleinen Fischerbooten davor liegt am Ausgang eines üppig grünen Tals. Der Strand ist außerhalb der Hochsaison jedoch meist mit Seetang bedeckt.

Ramla Bay   C 1

Gozos einziger Sandstrand schimmert rötlich und ist fast 1 km lang. Sogar ein paar kleine Dünen findet man hier. Blickfang auf dem Strand ist eine Marienstatue aus den 1950er-Jahren.

San Blas Bay   C 1

Kleine Bucht mit grünem Hinterland und etwa 30 m langem, schmalen Sandstrand, wenig besucht.

STRAND AUF COMINO   D 2

Blaue Lagune (Blue Lagoon)

Türkisfarbenes Wasser, tagsüber meist gut besucht, am besten per Ausflugsboot zu erreichen.

Wollen Sie's wagen?

Segways werden elektrisch betrieben, rollen auf zwei Rädern und werden vom Fahrer nur durch intuitive Gewichtsverlagerungen beschleunigt, gebremst und gelenkt. Auf Malta können Sie nach kurzer Einweisung eine erste Rundfahrt unternehmen. Teilnehmer müssen mindestens 12 Jahre alt sein und zwischen 45 und maximal 113 kg wiegen.

Tel. 99 44 84 92 • www.maltasegway tours.com • Dingli 79 € (2,5 Std.), Valletta 55 € (2 Std.)

FESTE FEIERN

Maltas Kulturkalender ist das ganze Jahr über prall mit Veranstaltungen und Festivals der verschiedensten Art gefüllt. Für die Einheimischen im Vordergrund steht dabei fast immer ihr örtliches Kirchweihfest, ihre Festa.

Etwa 60 **Kirchweihfeste** werden allein auf Malta gefeiert, weitere 20 gibt es auf Maltas Schwesterinsel Gozo. Zur Festa wird nicht nur die feiernde Kirche reich mit bunten Blumen und blinkenden Lichterketten geschmückt, sondern auch die ganze Umgebung. Über die Straßen sind Wimpelbänder gespannt, an den Fahnenmasten wehen Flaggen. Prozessionen und Gottesdienste stehen offiziell immer noch im Mittelpunkt des Festes, doch für die Einheimischen mindestens ebenso wichtig sind die Paraden ihrer örtlichen Blaskapellen, der bunte Jahrmarkt und vor allem die Böllerschüsse und das Feuerwerk am Vorabend, das zu jeder Festa dazu gehört. Jeder Pfarrbezirk will dabei seine Nachbarn übertreffen. Zwischen Mai und Oktober finden diese Festas an jedem Wochenende und auch an einigen Werktagen dazwischen statt, Reisebüros bieten spezielle Touren mit Sonderbussen dorthin an.

◀ Zu einer Festa auf Gozo gehört manchmal
auch ein Pferderennen durch den Ort.

Fast ebenso wichtig sind für die Malteser der **Karneval** und die Karwoche mitsamt dem Osterfest. Zentrum der offiziellen Karnevalsveranstaltungen ist der St. George's Square in Valletta, am ausgelassensten und volkstümlichsten wird er vom Rosenmontag bis zum Faschingsdienstag in Nadur auf Gozo gefeiert. Während der Karnevalswoche herrscht auch viel Betrieb in den Clubs und Discos von St. Julian's.

KARFREITAGSPROZESSIONEN

Ernsthaft geht es hingegen während der Karwoche zu. Am Karfreitag finden überall Prozessionen statt, in 14 Dörfern verkleiden sich dafür Dorfbewohner als biblische Gestalten. Am Ostersonntag finden frühmorgens in nahezu allen Orten große Prozessionen statt, besonders stattlich sind sie in Vittoriosa/Birgu und Cospicua/Bormla.

JANUAR

Internationales Barock-Festival

Zwei Wochen lang erklingt in diversen Barockbauten der Inselhauptstadt die Musik des Barock, so im Theatru Manoel, in der St. John's Co-Cathedral, im Großmeisterpalast und im Archäologischen Museum. Die Karten können auch im Internet bestellt werden.

Zwei Wochen Mitte Januar

Valletta | Manoel-Theater | www.vallettabaroquefestival.com.mt

MÄRZ

Freedom Day

Vormittags wird eine Gedenkfeier anlässlich des Rückzugs der britischen Truppen und der Royal Navy aus Malta abgehalten, mittags gibt es Ruderboot-Regatten im Grand Harbour.

31. März

Valletta | Freedom Monument | Floriana und Waterfront | www.maltaculture.com

APRIL

Internationales Feuerwerks-Festival

Zum Vergnügen, aber auch zur Erinnerung an Maltas EU-Beitritt 2004 zeigen Vertreter von Feuerwerksherstellern aus aller Welt über drei Buchten Maltas, was sie können. Natürlich nehmen auch die fünf maltesischen Feuerwerkshersteller teil. Die besten Standorte für Schaulustige nennt die Homepage. An einem Abend leuchtet die Golden Bay im Nordwesten im Lichterglanz, an einem zweiten die Marsaxlokk Bay und am dritten als krönender Abschluss der Grand Harbour, Valletta und die Three Cities.

Drei Abende Ende April

www.maltafireworksfestival.com

JUNI

Ghanafest

Beim alljährlichen Festival der mediterranen Folksmusik treffen sich Musiker und Sänger aus Anrainerstaaten des Mittelmeers und von ihren Inseln, geben Konzerte und Workshops unter freiem Himmel. Zuletzt waren Ensembles aus Malta sowie von Kreta, Korsika und Sardinien zu Gast. Außerdem gibt es maltesische Spezialitäten und einen Kunsthandwerkermarkt.

Drei Tage in der ersten Junihälfte
Argotti Botanical Gardens, Floriana |
www.maltafolkmusicfestival.org

Isle of MTV Malta

Das größte Open-Air-Musikfestival Maltas zieht mit Auftritten internationaler Pop- und Rockgrößen mehr als 50 000 Zuhörer an. Zuletzt traten u. a. Jessie J, Rita Ora und Rudimental aus Großbritannien sowie Kristina Casolani aus Malta auf dem riesigen Platz vor der Kirche St. Publius auf.

Dritte Woche im Juni
Il-Fosos | Floriana | www.isleofmtv.com

Imnarja

Das Fest zu Ehren der Apostel St. Peter und Paul ist eines der größten Volksfeste Maltas. Es wird in kleinerem Maßstab auch in Nadur auf Gozo gefeiert, besonders intensiv aber in Maltas einzigem Waldgebiet im Inselzentrum. Den ganzen Tag über picknicken die Einheimischen im Schatten der Bäume, vom Nachmittag an erklingt auch viel Musik, treten maltesische Sänger und Musiker gegeneinander zum Wettstreit an. Ergänzt wird das Ereignis durch eine Landwirtschaftsausstellung.

29. Juni
– Rabat: Buskett Gardens | www.malta culture.com
– Nadur/Gozo: Main Square | www. nadurparish.com

JUNI/JULI

Internationales Kunst-Festival von Victoria

Fast allabendlich finden Konzerte überwiegend in der St. Georgs-Basilika im historischen Stadtzentrum der Inselhauptstadt von Gozo unter internationaler Beteiligung statt. Meist gibt es zusätzlich auch Konzerte zu einem besonderen Thema, zuletzt beispielsweise europäische Barockmusik, nach Ländern geordnet.

Fünf Wochen zwischen Mitte Juni und Mitte Juli
Victoria/Gozo | www.stgeorge.org.mt

JULI

Marsovin Summer Wine Festival

An drei Abenden können die Besucher zum Pauschalpreis (12 €) bis zu 16 verschiedene Weine der maltesischen Großkellerei verkosten und ihr Glas anschließend als Souvenir mit nach Hause nehmen. In vier verschiedenen Teilen des Parks treten maltesische Musiker und Sänger auf. Blues und Rock sind ebenso zu hören wie Ethnik und Jazz.

1. oder 2. Wochenende im Juli
Valletta | Hasting Gardens | www. marsovinwinefestival.com

Internationales Jazz-Festival, Valletta

Im Jahr 2015 feiert dieses Festival, das zu den traditionsreichsten Musikereignissen der Insel zählt, sein 25. Jubiläum. Zeitgenössischer Jazz und Jazz-Historie kommen gleichberechtigt nebeneinander zur Aufführung, die Location unterhalb der Festungsmauern von Valletta fast direkt am Meer sorgt für besonderes Flair.

Drei Tage in der zweiten Julihälfte
Valletta | Ta' Liesse | Grand Harbour |
www.maltajazzfestival.org

JULI/AUGUST

Farson's Beer Festival

Mit dem Münchner Oktoberfest hat
Maltas Bierfest außer dem Bier nur wenig gemeinsam. An zwei Wochenenden und der Woche dazwischen trifft
man sich unter freiem Himmel vor allem zu Pop- und Rockkonzerten.
Neun Tage Ende Juli/Anfang August
Mdina | Ta' Qali Park | www.farsons.
com/beerfestival | Eintritt frei

SEPTEMBER/OKTOBER

Notte Bianca

Die »Weiße Nacht« ist so etwas wie das
Stadtfest von Valletta. Straßen und
Plätze sind hell erleuchtet, in Museen
und historischen Palästen und auf
Bühnen am Straßenrand wird Musik
gemacht und getanzt.
Eine Nacht Ende September/Anfang
Oktober
Republic Street, Valletta | www.malta
culture.com, www.nottebianca.org.mt

NOVEMBER

Internationales Festival der Chormusik

Fast 30 Chöre aus aller Welt treffen sich
alljährlich auf Malta und bringen
Chormusik zur Aufführung.
Anfang November
www.visitmalta.com, www.interkultur.
com
– Valletta: Upper Barracca Gardens und
De Vallette Square
– Floriana: St. Publius-Kirche und Catholic
Institute

Besonders ausgelassen wird der Karneval in Nadur (▶ S. 45) auf Gozo gefeiert. Oft dauern die
Vorbereitungen hierfür monatelang, es wird an besonders originellen Kostümideen gefeilt.

MIT ALLEN SINNEN
Malta spüren & erleben

*Reisen – das bedeutet aufregende Gerüche und neue Geschmacks-
erlebnisse, intensive Farben, unbekannte Klänge und unerwartete
Einsichten; denn unterwegs ist Ihr Geist auf besondere Art und
Weise geschärft. Also, lassen Sie sich mit unseren Empfehlungen
auf das Leben vor Ort ein, fordern Sie Ihre Sinne heraus und erleben
Sie Inspiration. Es wird Ihnen unter die Haut gehen!*

◀ Täglich um 12 Uhr wird auf den Upper Barracca Gardens »Salut« geschossen (▶ S. 49).

SEHENSWERTES

Kanonendonner und Kasernen

Krieg und Kampf gehören zur maltesischen Geschichte wie Kirchen und Tempel. Stößt solch eine bewegte Historie dann noch auf die angelsächsische Liebe zum Reenactment, zum Nachspielen historischer Szenen und Schlachten, wird daraus eine manch Anderem befremdlich erscheinende Urlaubsattraktion. Ein paar militärhistorische Stündchen können Sie erleben, wenn Sie kurz vor Mittag von den Upper Barracca Gardens ein paar Stufen auf eine langgestreckte Terrasse hinuntersteigen, auf der zahlreiche Kanonen aufgestellt sind. Auf Englisch heißt deren Ansammlung »Saluting Battery«. Pünktlich um 12 Uhr wird hier täglich mit einer Kanone lautstark Salut geschossen. Während der britischen Kolonialzeit justierte die Flotte täglich ihre Borduhren danach.

Wie britische Soldaten mitsamt ihren Familien im 19. Jh. in ihren Kasernen hausten, wird Besuchern kostümreich und schauspielerisch bemüht im Rinella Fort gezeigt. Auch hier werden historische Waffen und eine Kanone abgefeuert – gegen Aufpreis können das sogar Besucher tun.

– Saluting Battery: Valletta | Upper Barracca Gardens | www.wirtartna.org | zugänglich tgl. 10–13 Uhr, Filmvorführung 11 und 12.15 Uhr | Eintritt 1 €

▶ Klappe hinten, c 6

– Reenactment: Kalkara | Rinella Fort | St. Rocco Road | Tel. 21 80 97 13 | www.wirtartna.org | Di–So 14 Uhr | Teilnahme 10 € ◪ G 5

Palazzo Parisio in Naxxar ◪ F 4

Wie es sich angefühlt haben mag, in vergangenen Jahrhunderten in Maltas Adel hineingeboren worden zu sein, kann man vielleicht nachfühlen, wenn man ganz in Muße den kleinen Adelspalast einer noblen maltesischen Familie aus dem 18. Jh. in Naxxar besucht. Der Ballraum ist eines Königsschlosses würdig, die kleine Familienkapelle

ebenso prächtig ausgeschmückt. Ein besonderer Luxus dürfte der blütenreiche Garten mit der Orangerie gewesen sein. Wer sich da auf eine Parkbank setzt, sieht vielleicht die Hausherrin Baroness Christiana Ramsay Scicluna von Tabria oder ihre Tochter Justine Pergola vorübergehen und erlebt so zusätzlich zum Bühnenbild auch noch die aktuellen Akteure.

Naxxar | Victory Square | Tel. 21 41 24 61 | www.palazzoparisio.com | tgl. 9–18 Uhr | Eintritt inkl. Audio-Guide 12 €

St. Marija-Kirche in Mellieha ◪ D 3

Zum Lebensgefühl vieler Malteser gehört es, sich von den Heiligen der katholischen Kirche gut beschützt zu wissen und ganz besonders von der hl. Jungfrau Maria. Schon die Johanniter-

ritter pilgerten in die kleine Höhlenkapelle Mariens, um die Wirksamkeit ihrer Gebete zu erhöhen und sich für
empfangene Gnaden zu bedanken. Sie
stifteten stets für die Verschönerung
der Kapelle und ließen Erinnerungen
an geschehene Wunder zurück – so
z. B. ein Gemälde mit der Darstellung
einer Wunderheilung im ehemaligen
Ordenshospital im Jahr 1813. Für die
modernen Malteser erfüllt die Kapelle
die gleiche Funktion. Allerdings übernehmen heutzutage Fotos den Platz der
Gemälde. Man sieht durch Unfälle völlig ramponierte Autos, denen die In-
sassen »wie durch ein Wunder« heil
und unversehrt entstiegen, zahlreiche
orthopädische Hilfsmittel, Taufkleid-
chen und Schmuck als Geschenk an
Maria, dazu zahlreiche Votivtäfelchen,
die sich ebenfalls auf vollbrachte Wunder beziehen. Über Manches mag man
lächeln – auf jeden Fall erspürt man
hier die tiefe, im Volk weit verbreitete
Wundergläubigkeit der Malteser.

Mellieha | Misrah il-Parocca |
Tel. 21 24 53 50 | www.mellieha.com/
sanctuary.htm | Sommer tgl. 8–12
und 17–19, Winter tgl. 8–12 und 16–18
Uhr | Eintritt frei

ESSEN UND TRINKEN

De Mondion in Mdina   E 5

Maltas wahrscheinlich bestes Restaurant ist der ideale Platz für ein stilvolles
Dinner abseits allen Verkehrs und jeglicher Hektik. Meisterkoch Kevin Bonello und sein Team verwöhnen ihre
Gäste im Sommer auf der Dachterrasse
des kleinen Luxushotels Xara Palace in
Mdina mit saisonal angepassten Fein-
schmecker-Menüs, die Foie Gras,
Schneckenragout oder Seeigel ebenso

umfassen können wie gefüllten Kanin-
chensattel und Steak vom Charolais-
Rind. Während der Gaumen durch
traumhafte Desserts der hauseigenen
Patisserie verwöhnt wird, erfreut sich
das Auge am weiten Blick über die maltesische Landschaft.

Mdina | Council Square | Tel. 21 45
05 60 | www.demondion.com |
Di–Sa 19.30–22.30 Uhr | €€€€

The King's Own in Valletta   G 4

Jede Stadt auf Malta hat mindestens
eine Philharmonische Gesellschaft,
Valletta gleich zwei. Eine davon ist »des
Königs eigenes Orchester«. Dessen
stattliches Clubhaus aus dem 19. Jh.
birgt im Erdgeschoss eine einfache Bar,
in der auch Gäste auf einen Kaffee, einen Drink oder ein schlichtes Mittagessen willkommen sind. Dabei kann
man dann gut das Treiben der einheimischen Clubmitglieder beobachten.

Valletta | Republic Street 274 |
Tel. 21 23 02 81 | tgl. 8–23 Uhr | €

KULTUR UND UNTERHALTUNG

Bedouin Bar in Paceville   F 4

Chillout auf cremefarbenen Polster-
möbeln und weißen Liegen unter flat-
ternden Tüchern ist das angesagte Pro-

gramm in der Beduinenbar direkt vor dem Westin Dragonara Resort. Wer mag, träumt das Hotel in einen Palast um und den nahen Portomaso Tower, Maltas höchstes Haus, in ein Minarett in Marrakesch.

Paceville | Dragonara Road | www.bedouinbarmalta.com | nur im Hochsommer

Maltese Summer Folklore Nights bei Siggiewi   F5

Stimmungsvoller als im Museumssteinbruch von Siggiewi kann ein Folkloreabend kaum sein. Die Kulisse stimmt, Musiker und Tänzer geben ihr Bestes, und der Küchenchef hat ein Buffet aufbauen lassen, auf dem viel typisch Maltesisches steht. Gegrillter Schwertfisch ist ebenso darunter wie gefüllte Zucchini, maltesische Rouladen, Ziegenkäse von Gozo, maltesische Landwurst und Makkaroni-Auflauf, eine halbe Flasche Wein pro Person ist im Preis inbegriffen.

Siggiewi | Limestone Heritage | Mons. M. Azzopardi Street | Tel. 21 46 49 31 | www.limestoneheritage.com | nur im Sommer, Termine im Internet | Ticket inkl. Büffet und Transfer vom und zum Hotel 43 €, Kinder bis 12 J. 5 €

AKTIVITÄTEN

London-Taxi oder Rikscha?

Das Angebot für besondere Sinneserlebnisse hört auf Malta nicht einmal bei den Verkehrsmitteln auf. Wer lange nicht oder gar noch nie in London war, kann hier die Fahrt in einem typischen Londoner Taxi genießen, in dem sich die Fahrgäste gegenübersitzen. Maltas Linksverkehr verstärkt noch das Gefühl, im Land der Queen zu sein. Wer es lieber fernöstlich mag, nutzt die neuen Fahrrad-Rikschas, die seit 2013 rund um Sliema unterwegs sind.

– Taxis: Tel. 23 45 67 89 | www.dialacab.com.mt (ausdrücklich ein London-Taxi bestellen!)

– Rikschas: www.dudu.com.mt

Unterhalb der neobarocken Pfarrkirche in Mellieha liegt das Wallfahrtsziel vieler Malteser, die der Jungfrau Maria gewidmete Höhlenkirche St. Marija (▶ S. 49) mit Votivbildern aller Art.

MALTA UND GOZO
ERKUNDEN

Blick in den barocken Innenraum der St. John's Co-Cathedral (▶ S. 59) in Valletta.

VALLETTA
UND GRAND HARBOUR

*Vallettas Ernennung zur Kulturhauptstadt Europas für das Jahr 2018
hat Bewegung in die Stadt mit dem wehrhaften Charakter gebracht.
Dem geschlossen barocken Stadtbild wurde eine moderne Architektur
hinzugefügt, für die Stararchitekt Renzo Piano verantwortlich ist.*

Maltas Hauptstadt Valletta und ihre Vorstadt Floriana liegen wie ein ge-
waltiges Schlachtschiff auf der Sciberras-Halbinsel zwischen zwei prächtigen Naturhäfen, dem Marsamxett Harbour und dem Grand Harbour.
Auf den drei Seiten zum Meer hin bilden hohe Festungsmauern eine un-
überwindbar scheinende Bordwand; auf der Landseite sind die **Stadtmauern von Floriana** ein erstes Bollwerk, das dem durch eine weitere
Landmauer geschützten Valletta als Puffer diente. Wehrhafter als Valletta
und Floriana war im späten 17. Jh. weltweit keine andere Stadtanlage. Den
militärarchitektonischen Kontrapunkt zu ihnen setzt das Ensemble der
»**Three Cities**« auf der anderen Seite des Grand Harbour mit Senglea,
Vittoriosa und Cospicua. Senglea und Vittoriosa werden heute wieder oft

◄ Blick von den Senglea Gardens auf das abendlich beleuchtete Valletta (▶ S. 55).

mit ihrem maltesischen Namen als »Isla« und »Birgu« benannt. Cospicua wird auf Maltesisch »Bormla« genannt.

UNTERWEGS MIT DEM BUS

In Valletta kann man gut zwei ganze Tage mit Museumsbesuchen, Besichtigungen, Mußestunden in Cafés und Restaurants und etwas Shopping verbringen. Zu den »Three Cities« gelangt man preiswert mit Linienbussen oder sehr viel stimmungsvoller mit der Fähre oder dem traditionellen Bootstaxi vom Old Customs House in Valletta aus. Das Badezeug kann man dabei getrost im Hotelzimmer lassen, denn der Grand Harbour besitzt keine Badewasserqualität.

Valletta ist eine recht junge Stadt. 1565, während der Belagerung durch die Türken, war das Gelände bis auf das Fort St. Elmo völlig unbebaut; die Türken beschossen von hier aus die Ritter in den gegenüberliegenden Städten Vittoriosa und Senglea. Großmeister Jean Parisot de la Valette begann sogleich nach dem Abzug der Feinde mit dem Bau der Stadt, die bereits fünf Jahre später bewohnbar war. Die ebenfalls befestigte Vorstadt Floriana entstand im folgenden Jahrhundert.

VALLETTA ⚑ G 4

7000 Einwohner
Stadtplan ▶ Klappe hinten

Das 450 Jahre alte Valletta verwandelt gerade sein Antlitz und macht sich fit für den Titel einer europäischen Kulturhauptstadt im Jahr 2018. Die viele Kilometer langen, bis zu 80 m hohen Stadtmauern werden saniert und restauriert, der motorisierte Individualverkehr wird aus den Gassen weitgehend verbannt. Immer mehr jahrhundertealte Häuser werden äußerlich restauriert und innerlich modernisiert und in stimmungsvolle Urlaubsdomizile verwandelt. Der gesamte Zugangsbereich zur Stadt erhält schon seit 2011 ein neues Gesicht. Die Arbeiten daran sollen bis 2015 abgeschlossen sein. Der Visagist ist der italienische Stararchitekt Renzo Piano. Das bisherige City Gate wurde abgerissen, auf dem großen Platz dahinter wurde Maltas neues Parlamentsgebäude unter Einbeziehung eines kolonialen unterirdischen Bahnhofs und mittelalterlicher Befestigungen errichtet. Die Ruine des im Zweiten Weltkrieg zerbombten

Opernhauses wurde Teil eines modernen Freilufttheaters, der angrenzende St. James Cavalier aus Ritterzeiten außerdem als Kulturzentrum in die Planung integriert.

Unmittelbar an diesem interessanten Ensemble beginnt die Republic Street, die sich als Hauptachse der Stadt schnurgerade wie ein Rückgrat über die Sciberras-Halbinsel bis hinunter zu ihrem äußersten Punkt, dem wehrhaften Fort St. Elmo, zieht. Menschenscharen flanieren dort von morgens bis spätnachmittags auf und ab. An der Republic Street liegen einige bedeutende historische Sehenswürdigkeiten Vallettas wie der Großmeisterpalast und die Kathedrale, die meisten Geschäfte und auch die schönsten Straßencafés der Hauptstadt.

Schon ein Bummel über die Republic Street zum Großmeisterpalast zeigt deutlich den Charakter der Stadt. Die Straßen sind schachbrettartig angelegt; ein Verlaufen ist unmöglich. Kirchen und Paläste kontrastieren zum kriegerischen Äußeren Vallettas, zeigen Prunk und Wohlstand. Das ständige Auf und Ab der Straßen wird von mehrgeschossigen Wohnhäusern gesäumt, zahllose Holzerker setzen Farbtupfer. Mit Valletta macht man sich am leichtesten vertraut, wenn man nach einem ersten Bummel in einem der Straßencafés am Republic Square Platz nimmt und unterm Sonnenschirm von Maltas süßen Leckereien kostet. An einem der nächsten Tage sollte man dann aber auf jeden Fall auch eine **Hafenrundfahrt** 🚩 von Sliema aus unternehmen. Vom Wasser aus wird Vallettas imposante Wehrhaftigkeit nämlich besonders deutlich.

SEHENSWERTES

Argotti Botanical Gardens

▶ Klappe hinten, westl. a 6

Auf einer Bastion der Stadtmauer Florianas liegt der Botanische Garten der Universität. Er wurde schon 1774 als Privatgarten des Großmeisters Pinto gegründet und besitzt eine schöne Kakteensammlung. Seit dem Jahr 1805 wurden hier Heilkräuter und medizinische Pflanzen gezogen, weswegen ein Teil des Gartens heute noch der Universität zu Bildungszwecken dient.

Floriana | The Mall

❶ Auberge de Castille, Léon et Portugal (Kastilische Herberge)

Der barocke Bau aus dem 18. Jh. war der Palast der Johanniterritter, die aus Portugal und den spanischen Regionen Kastilien und Leon stammten. Heute ist er Sitz des Premierministers. Eine Besichtigung des Inneren ist nicht möglich.

Valletta | Castille Square

❷ Casa Rocca Piccola

Der kleine Stadtpalast wird noch immer von einer alteingesessenen Malteser Adelsfamilie bewohnt. Im Rahmen von Führungen kann man Teile dieses mit antiken Möbeln und zahlreichen historischen Gemälden eingerichteten Hauses sowie dessen Bunkeranlagen aus dem Zweiten Weltkrieg besichtigen. Ins Haus integriert ist ein auch von der Straße aus zugänglicher, sehr gut sortierter Buchladen mit viel Literatur über Malta und auch maltesischer Musik. Freitagabends werden entspannte Hausrundgänge mit einem oder zwei Gläschen Champagner im Innenhof oder in einem der Salons angeboten, die der Hausherr, Marquis de Piro, meist persönlich führt.

Valletta | Republic Street 74 | www. casaroccapiccola.com | Führungen Mo–Sa stdl. 10–15, Bunker 10–16 Uhr | Eintritt 9 €, Champagnerführungen (Fr 19 Uhr) 25 €

❸ Fort St. Elmo

Das Fort stand schon vor der Ankunft der Johanniter an dieser Stelle, wurde von ihnen aber zwischen 1552 und 1553 ausgebaut. 1565 leistete es einen wichtigen Beitrag zur Verteidigung der Insel gegen die Türken. Heute beherbergt es eine Polizeischule und das Nationale Kriegsmuseum, das besichtigt werden kann. Das Fort selbst ist derzeit wegen Sanierungsmaßnahmen geschlossen.

Valletta | Il-Belt | www.heritagemalta. org | tgl. 9–17 Uhr | Eintritt 6 €

❹ Grandmaster's Palace

Der ehemalige Palast des Oberhaupts des Johanniterordens war bis 2014 Sitz des maltesischen Parlaments und ist immer noch der Sitz des Staatspräsidenten. Die ehemaligen Staatsgemächer werden gern für Staatsempfänge genutzt.

Der Palast stammt aus der zweiten Hälfte des 16. Jh. Zwei Eingänge führen von der Republic Street auf zwei miteinander verbundene, große grüne Innenhöfe. Am hinteren Ende des Neptunhofes führt eine Treppe hinauf in die beiden Säle der Waffenkammer mit ihrer umfangreichen Sammlung historischer Rüstungen. Vom Prinz-Alfred-Hof führt eine Treppe hinauf in die Staatsgemächer. Besonders interessant sind die Deckengemälde und Fresken. Dargestellt sind Kaperfahrten gegen

---

Fort St. Elmo (▶ S. 57) wurde errichtet, um den Überblick über den Zugang zu den beiden Naturhäfen Maltas zu behalten. Im Krieg gegen die türkischen Belagerer gelang dies nur bedingt.

türkische Schiffe sowie wichtige Ereignisse aus der Ordensgeschichte.

Valletta | Palace Square | Info-Tel. 21 24 93 49 | tgl. 9–17, letzter Einlass 16.30 Uhr, Palast bei Staatsempfängen geschl. | Eintritt Palast und Waffenkammer 12 €, mit Audio-Guide 17 €, nur 5 €, wenn der Palast geschl. ist

Lower Barracca Gardens

Von den Parkbänken der Lower Barracca Gardens aus können Sie beobachten, wie Lotsenboote und Schlepper Kreuzfahrtschiffe und Frachter zur Hafenausfahrt geleiten und Neuankömmlinge dort abholen. Da kommt Seefahrerromantik auf (▶ S. 12).

2 Malta Experience und Sacra Infirmia

Audiovisionsschau in der St. Lazarus Bastion am Grand Harbour. In einer Dreiviertelstunde wird mit 3000 Dias und einem auch deutschsprachigen Ton anschaulich die Geschichte Maltas von der Steinzeit bis zum Unabhängigkeitstag vorgeführt.

Im Anschluss besteht die Möglichkeit, eine Führung (Englisch) durch die Sacra Infirmia mitzumachen. Die Sacra Infirmia war seit 1578 das Hospital der Johanniterritter. Prächtig restauriert und eindrucksvoll elegant präsentiert sich der Bau heute. Im 165 m langen, 11 m breiten und fast 10 m hohen Krankensaal fanden bis zu 300 Patienten Platz. Betten für 500 weitere Kranke standen in kleineren Räumen.

Valetta | Mediterranean Street | Tel. 21 24 37 76 | www.themaltaexperience.

com | Mo–Fr 11, 12, 13, 14, 15, 16, Sa, So und Fei 11, 12, 13, 14 Uhr, Juli–Sept. So 14 Uhr keine Show | Eintritt Show und Sacra Infirmia 15 €

5 Manoel Theatre

Das Gebäude aus dem Jahr 1732 ist das kulturelle Zentrum der Insel Malta. Zwischen Oktober und Mai finden hier sehenswerte Gastspiele ausländischer Orchester, Theater- und Opernensembles statt. Besichtigung möglich.

Valetta | Old Theatre Street | www.teatrumanoel.com.mt | Museum mit Theaterführung: Mo–Fr 9.30–16.30 Uhr, Sa 9.30–12.30 Uhr, letzter Einlass jeweils 30 Min. früher. Führungen (deutsch) Mo–Fr 10.15–15.30, Sa 10.15–12.30 Uhr alle 45 Min. | Ticket 4 € inkl. Theatermuseum. Theaterkasse: Mo–Fr 10–13 und 17–19, Sa 10–12 Uhr

6 National Library

1812 wurde die Bibliothek mit über 300 000 Büchern eröffnet. Im Obergeschoss sind alte Handschriften und Urkunden aus der Geschichte des Johanniterordens ausgestellt.

Valletta | Republic Square | www.education.gov.mt | Mitte Juni–Sept. Mo–Fr 8.30–17.30, Okt.–Mitte Juni 8.30–13, Sa 8.15–13 Uhr | Eintritt frei, Vorlage eines Ausweises notwendig

7 Opernhaus

Der italienische Stararchitekt Renzo Piano hat der Ruine des im Zweiten Weltkrieg von deutschen Bomben zerstörten Opernhauses von Valletta neues Leben eingehaucht. Die Ruine blieb Ruine, doch ihr gegenüber wurde durch den Abriss zweier Häuser Raum für einen kleinen Platz à la Renaissance

Das relativ schlicht gehaltene Äußere lässt nicht ahnen, wie prachtvoll die St. John's Co-Cathedral (▶ S. 59) im Inneren mit Marmorplatten und Goldverzierungen ausgestattet ist.

geschaffen. Zwischen den historischen Gemäuern wurde aus Stahl und Kunststoff ein Open-Air-Theater installiert, das seit 2013 dem kulturellen Leben der Hauptstadt mehr Leben schenkt.

Valetta | Ordnance Street

⑧ Parlamentsgebäude 🚩

Renzo Piano zeichnet auch für die Architektur des neuen maltesischen Parlamentsgebäudes gleich neben dem Opernhaus verantwortlich, in dem im September 2014 die erste Sitzung stattfinden soll.

Valetta | Freedom Square

⑨ St. James Cavalier

Die mächtigste Festung im Rahmen der landseitigen Verteidigungsmauer von Valletta dient heute als Kultur- und Veranstaltungszentrum mit Kinosaal und häufigen Wechselausstellungen.

Valetta | Pope Pius V Street | tgl. 10–22 Uhr | Eintritt frei

⭐ St. John's Co-Cathedral

Die Barockkirche aus den Jahren 1573 bis 1577 war die Hauptkirche des Johanniterordens, über 400 Ritter wurden hier beigesetzt. Kunstvoll gestaltete Grabplatten aus verschiedenfarbigem

Marmor bedecken den gesamten Kirchenboden und viele Nebenräume. In lateinischer Sprache sind darauf Name und Taten des Verstorbenen genannt. Auf vielen Grabplatten sind ein menschliches Skelett und Wappen dargestellt, auf einer, gleich vorn im Mittelschiff, eine Europakarte mit einem viel zu großen Malta und auf einer anderen, vorn im Oratorium, eine ihr Kind stillende Mutter. Die Pfeiler und Bögen der Kirche sind mit Reliefs übersät, die Gurtbögen des Tonnengewölbes sind kostbar vergoldet. Die Malereien im Gewölbe stammen vom italienischen Maler Mattia Preti (1613–1699). Statt zweier Seitenschiffe begleitet das Kirchenschiff beidseitig eine Reihe von insgesamt acht dekorierten Seitenkapellen, die jeweils einer oder mehreren Landsmannschaften

der Ritter gemeinsam zugesprochen waren. Im Museum der Kathedrale sind flämische Wandteppiche aus dem 17. Jh. ausgestellt. Der größte Schatz des Museums ist ein 1608 entstandenes Altarbild von Michelangelo di Caravaggio im Oratorium, »Die Enthauptung Johannes des Täufers«.

Valetta | Besuchereingang: Republic Street | Mo–Fr 9.30–16.30, Sa 9.30–12.30 Uhr | Eintritt 6 €

🔟 Upper Barracca Gardens

Von den 1775 angelegten Gärten auf der St.-Peter-und-Paul-Bastion blickt man auf den Grand Harbour und die »Drei Städte«. Wer die schöne Aussicht genossen hat, kann in der Parkanlage zwischen Pflanzen und Statuen spazieren gehen, sich an einem Kiosk-Café erfrischen oder mit dem gläsernen Lift

Maltas interessante Kulturgeschichte lässt sich anhand der zahlreichen Ausstellungsstücke aus der Zeit der Tempelbauer im National Museum of Archeology (▶ S. 61) erfahren.

hinunterfahren zum Old Customs House am Grand Harbour, wo auch die Fähren nach Vittoriosa/Birgu abfahren.

Valletta Waterfront
► Klappe hinten, südl. c 6

Unmittelbar neben dem neuen Kreuzfahrten-Terminal wurden Lagerhäuser restauriert und zu 23 Cafés, Bars, Restaurants und Geschäften umgestaltet.

St. Barbara's Church

Sonntagmorgens die Messe besuchen und hinterher mit in Malta lebenden Deutschen, Österreichern oder Schweizern ins Gespräch kommen, das ist möglich in der Kirche der hl. Barbara, wo ein maltesischer Pfarrer die Messe auf Deutsch zelebriert (► S. 13).

MUSEEN UND GALERIEN

⑪ Lascari's War Rooms 👫

In der unterirdischen Kommandozentrale der alliierten Truppen des Zweiten Weltkriegs, in der sich auch Feldmarschall Montgomery und General Dwight D. Eisenhower zeitweise aufhielten, sind Szenen aus jener Zeit nachgestellt. Über Kopfhörer werden auf Deutsch sehr gut Informationen dazu vermittelt.

Valletta | Lascaris Ditch (Zugang von der St. Ursula Street aus über die Battery Steps) | www.lascariswarrooms.com | tgl. 10–17 Uhr | Eintritt 10 €

⭐ National Museum of Archaeology

Das National Museum of Archaeology ist im ehemaligen »Palast der Ritter der

Provence« untergebracht. Es beherbergt zahlreiche interessante Funde aus der Zeit der Tempelbauer. Besonders interessant sind die Tierreliefs aus Tarxien, die Statuette der Liegenden Priesterin und die großen Statuen der in der Steinzeit verehrten Fruchtbarkeitsgöttin, der Magna Mater. Außerdem sind hier auch Modelle mehrerer Tempel zu sehen, sodass man sie einmal aus der Vogelschau betrachten kann.

Valletta | Republic Street | tgl. 8–19 Uhr | Eintritt 5 €

⑫ National Museum of Fine Arts

Das Museum in einem Ordenspalast aus dem 16. Jh. zeigt überwiegend zweitrangige Gemälde europäischer und einheimischer Künstler des 14. bis 20. Jh., wobei ein besonderer Schwerpunkt auf der Zeit des Barock liegt. Für Malta-Urlauber am interessantesten sind die historischen Ansichten Vallettas, Sliemas und des Grand Harbour aus dem 18. und 19. Jh. (Säle 18–20). Außerdem Werke des maltesischen Bildhauers Antonio Scortino (1883–1947).

Valletta | South Street | tgl. 9–17 Uhr | Eintritt 5 €

ÜBERNACHTEN

⑬ Asti

Traditionelle Pension – Das Asti ist eine alteingesessene, familiär geführte Pension mitten in einem Wohngebiet des alten Valletta, etwa 5 bis 10 Minuten vom Busbahnhof und dem Großmeisterpalast entfernt. Man wohnt einfach, aber durchaus gediegen in historischen Natursteingemäuern, schläft ruhig und genießt maltesische Gastfreundschaft. Reservierungen werden nur telefonisch entgegen genommen und sollten frühzeitig getätigt werden, da dieses Quartier meist lange im voraus ausgebucht ist.

Valletta | St. Ursula Street | Tel. 21 23 95 06 | http://mol.net.mt/asti/ | 8 Zimmer | €

🄯 Castille

Typische Architektur – Dieses Hotel ist ein ideales Quartier für Urlauber, die viel mit dem Linienbus unterwegs sind. Historisches Haus neben dem Palast des Ministerpräsidenten. Luxus darf nicht erwartet werden, dafür erwischt man mit etwas Glück ein Zimmer mit maltesischem Erker. Frühstück auf der Dachterrasse.

Valletta | Castille Square | Tel. 21 24 36 77 | www.hotelcastillemalta.com | 38 Zimmer | €€

🄯 Osborne

Rundum gediegen – Traditionsreiches Hotel im Herzen Vallettas. Freundlich ohne Pomp, dafür mit einem Mini-Pool auf dem Dach.

Valletta | South Street 50 | Tel. 21 23 21 27 | www.osbornehotel.com | 54 Zimmer | €€

🄯 Palazzo San Pawl ▶ S. 24

🄯 Valletta G-House

Domizil für zwei – Das historische Stadthaus bietet auf drei Etagen Platz für 2 Personen. An den unverputzten Natursteinwänden hängen Gemälde und künstlerische Fotografien, die Möbel sind zumeist antik. Der Mindestaufenthalt beträgt 7 Tage.

Valletta | Triq it-Tramuntana | Tel. 79 81 51 45 | www.vallettahouse.com | €€

ESSEN UND TRINKEN
RESTAURANTS

🄯 The Circle's

Wenn deutsche Bundespräsidenten auf Malta zu Gast sind, besuchen sie auch den Deutsch-Maltesischen Zirkel im historischen Messina Palace in Valletta. Viele junge Malteser büffeln hier Deutsch. In der Cafeteria im Innenhof kommt man bei einem Kaffee oder einem preiswerten, hier täglich frisch zubereiteten Mittagessen für maximal 5 € leicht mit ihnen ins Gespräch.

Valletta | St. Christopher Street 141 | www.germanmaltesecircle.org | Mo–Sa ab 9 Uhr | €

🄯 Cocopazzo

Lasagne mal anders – Hier wird schlichte maltesisch-mediterrane Küche geboten, dazu tagesfrischer Fisch. Sehr zu empfehlen ist die mit Kaninchen- oder Schwertfischragout gefüllte Lasagne!

Valletta | South Street (Valletta Buildings) | Tel. 21 23 57 06 | Mo–Sa 11.45–14.30 | tgl. 18.30–22 Uhr | €€€

🄯 Giannini

Mit Panorama – Das Restaurant auf einer Bastion der Stadtmauer bietet einen grandiosen Ausblick. Die mediterrane Küche verwendet nur marktfrische Zutaten. Köstlich sind z. B. das Carpaccio vom Oktopus, die maltesische Fischsuppe oder die Barberie-Entenbrust mit gozitanischer Feigenmarmelade.

Valletta | Windmill Street 23 | Tel. 21 23 71 21 | www.gianninimalta.com | Di–So 12–14, Mo–Sa 19–22 Uhr, Nov.–Feb. nur Fr, Sa | Kinder unter 6 J. nicht willkommen | €€€€

21 Rubino

Sizilianische und maltesische Gerichte überwiegen auf der Speisekarte und auf der zusätzlichen Kreidetafel an der Wand, die die frischen Tagesgerichte auflistet. Besonders gelobt wird das Risotto in mehreren Varianten und als Dessert die Cassata Siciliana.

Valletta | Old Bakery Street 53 | Tel. 21 22 46 56 | Mo–Fr 12.30–14.30, Di–Sa 19.30–22.30 Uhr | Kinder unter 5 J. unerwünscht | €€

22 Trabuxu Wine Bar

Gesundes mit Stil – In der beliebten Weinbar lagern 160 Weine aus aller Welt in einem 350 Jahre alten Kellergewölbe. Sehr freundliche Bedienung. Auf der Karte eine Gemüse-Lasagne, die nicht nur Vegetarier schätzen, und ein sehr gutes Käsefondue. Reservierung unbedingt erforderlich!

Valletta | Strait Street 1 | Tel. 21 22 30 36 | www.trabuxu.com.mt | Di–So 19.30–24 Uhr | €€

EINKAUFEN

BÜCHER

23 Word for Word ▶ S. 37

DELIKATESSEN

24 Wembley Store

Hinter der historischen Ladenfassade verbergen sich auf drei Etagen Delikatessen aus aller Welt, darunter auch maltesische Feinkost, Reformhauswaren und maltesische Weine.

Valletta | Republic Street 305

KUNSTHANDWERK

25 Auberge Jewellers

Kleines Geschäft mit Silberfiligran-Schmuck. Der Meister sitzt oft selbst draußen an einem kleinen Tisch bei seiner Kunstfertigkeit erfordernden Arbeit.

Valletta | Melita Street 27

KULTUR UND UNTERHALTUNG

Nach 22 Uhr sind die Straßen in Valletta wie ausgestorben, fast alle Lokale geschlossen. Gelegentlich gibt es Veranstaltungen im Manoel Theatre und im St. James Cavalier. Die Szene trifft sich an der Valletta Waterfront.

SERVICE

AUSKUNFT

Malta Tourism Authority Valletta

▶ Klappe hinten, b 5

Valletta | 229 Merchants Street | Tel. 22 91 54 40 | www.visitmalta.com | Mo–Sa 9–17.15, So 9–12.45 Uhr

Ziele in der Umgebung

◎ HYPOGÄUM  G 5

Im Häusermeer des Städtchens Paola (ca. 9300 Einwohner) verbirgt sich unter der Erde eine archäologische Sensation, die seit 1989 zum Weltkulturerbe zählt: die einzige vollständig erhaltene neolithische Tempelanlage Europas aus der Jungsteinzeit. Beim Bau eines Wohnhauses wurde zufällig das Hypogäum entdeckt, eine 14 m tiefe, dreigeschossige Kulthöhle, vor mindestens 5000 Jahren von Menschenhand mit primitiven Werkzeugen wie Tierhörnern oder Steinkeilen aus dem Fels gehauen. Auf 500 qm Grundfläche sind 33 Kammern, Gänge, Nischen, Treppen und Hallen verteilt.

Im Hypogäum fanden die Archäologen Kniescheiben von mindestens 7000 Menschen. Funde von Einzelknochen lassen darauf schließen, dass hier insgesamt 30 000 Menschen bestattet wurden. Auf Maltesisch heißt das Hypogäum »Hal Saflieni« – der Ort, an dem begraben wird.

An den zum Teil glatt polierten Wänden und Decken sind noch Reste einstiger Bemalungen mit ockerfarbenen Spiral- und Rankenmustern zu erkennen. Tempelfassaden aus Megalithen wurden im Fels nachgeahmt. Wie in oberirdischen Tempeln findet man auch hier Trilithaltäre und -nischen, immer wieder enge Durchgänge in weitere Räume, Anbindelöcher für Opfertiere und sogar eine Orakelnische wie im Tempel Hagar Qim.

Was sich vor 5000 bis 6000 Jahren im Hypogäum abspielte, werden wir nie mit Sicherheit wissen, denn schriftliche Quellen dafür gibt es nicht. Die Funde ermöglichen allerdings eine sinnvolle Interpretation. Da sind zum einen die Knochenfunde, die das Hypogäum deutlich als Begräbnisstätte ausweisen. Da sind zum anderen zwei liegende Tonfiguren, die im Hypogäum gefunden wurden und die jetzt im Archäologischen Nationalmuseum in Valletta gezeigt werden. Die eine schläft auf einer Liege, die andere liegt in Gebetshaltung mit nach oben angewinkelten Armen auf ihrem Gesicht. Bei beiden Darstellungen handelt es sich offenbar um Priesterinnen der Magna Mater, der auf Malta verehrten großen Fruchtbarkeitsgöttin. Vermutlich wurden im Hypogäum die Priesterinnen der Insel beigesetzt. An diesen Ort kamen aber ebenso die lebenden Priesterinnen. Sie beteten hier zur Magna Mater, hofften, dass der »Geist« der großen Göttin im Schlaf in sie einfahren würde, damit sie ihr Amt ausfüllen könnten.

Paola | Cemetery Street | Tel. 21 80 50 18 | www.heritagemalta.org | Audioguide-Führungen mit maximal 10 Personen tgl. (stdl.) 9–16 Uhr, unbedingt 3–4 Wochen im Voraus buchen, denn je nach Saison sind die Tickets für mehrere Wochen ausverkauft: im Internet unter https://booking.heritagemalta.org/, Bezahlung per Kreditkarte. Vor Ort sind Tickets, soweit noch vorhanden, im National Museum of Fine Arts in Valletta und im Archäologischen Museum von Victoria/Gozo erhältlich | Ticket 30 € | kein Zutritt für Kinder unter 6 J. 5,5 km südl. von Valletta

◎ TARXIEN 6 G 5

Der meistbesuchte Tempel der Insel ist mit seinen vier Einzeltempeln die größte Tempelanlage der Republik. Die entdeckten Originale stehen heute allerdings im National Museum of Archaeology in Valletta, in den Tempeln wurden an den Fundstellen Kopien platziert.

Die vier Tempel stammen aus der Zeit zwischen etwa 3800 und 2800 v. Chr. Auf dem Vorhof des Komplexes sind in einer Ecke noch runde Steine zu sehen, die als Transportwalzen für die Megalithen (Großsteine) dienten.

Der historische Eingang ist noch gut erhalten. Wie bei allen Tempeln üblich, wird er von zwei Reihen aus je drei senkrecht stehenden Steinplatten gebildet, auf denen früher eine gewaltige Deckplatte ruhte. Auch der Boden des Eingangs wird von solch einer gewaltigen Steinplatte gebildet. Vor ihr ist noch ein kleinerer Stein mit zwei untereinander verbundenen Löchern zu erkennen: Sie dienten entweder ebenfalls einem Flüssigkeitsopfer oder wa-

Beim Haupttor, das den Eingang von Tarxien (▶ S. 64) bildet, handelt es sich um eine moderne Rekonstruktion, die 1956 im Zuge einer Sanierung der Tempelanlage entstanden ist.

ren zum Anbinden von Opfertieren bestimmt.

In Tarxien lässt sich das Bauprinzip der meisten Tempel gut erkennen. Sie sind in etwa nierenförmig, bestehen aus einem rechteckigen Zentralraum und zwei Nebenräumen. In diesen Tempeln stand eine Reihe verschiedenartig geformter Altäre. In Tarxien waren viele dieser Altäre mit Reliefs verziert, die im Original im Archäologischen Nationalmuseum in Valletta ausgestellt sind. Einer von ihnen zeigt eine Reihe von sechs Tieren, ein anderer eine Doppelreihe mit 22 Tieren. Zwei Altäre sind mit einem Stierrelief verziert, ein besonders schöner Altar zeigt eine Muttersau, die gerade ihre 13 Ferkel säugt. Auch die Kopie einer ursprünglich 3 m hohen Monumentalstatue der Magna Mater steht in den Tempeln von Tarxien. Allerdings ist nur ihre untere Hälfte bis hinauf zur Hüfte gefunden worden. Die Steinplatte, auf der die Statue steht, ist wie die Altäre mit einem Relief geschmückt.

Tarxien | Neolithic Temples Street | tgl. 9–17 Uhr | www.heritagemalta.org | Eintritt 6 €

6 km südl. von Valletta

VITTORIOSA ◢◢ G5

3000 Einwohner
Stadtplan ▸ S. 69

Gegenüber Valletta liegen auf der anderen Seite des Grand Harbour die historischen »Three Cities«: Cospicua, Senglea und Vittoriosa. Vittoriosa trägt wieder seinen alten Namen Birgu, Senglea wird auch wieder Isla genannt. Vittoriosa ist die schönste der »Three Cities«. Trotz schwerer Zerstörung im Zweiten Weltkrieg sind noch viele historische Bauten erhalten.

Als die Johanniter 1530 nach Malta kamen, stand fest, dass sie Mdina nicht zu ihrer Hauptstadt ernennen würden. Weil sie mit einem türkischen Großangriff zu rechnen hatten, brauchten sie eine besser zu verteidigende Stadt. Da der Seekrieg gegen Türken und Korsaren zu ihren Hauptaufgaben zählte, mussten sie am Meer siedeln. Ihre Wahl für den Standort ihrer Hauptstadt fiel auf eine keilförmige Halbinsel im Grand Harbour, auf der ein kleines Fischerdorf namens Birgu stand. Hier hatten die Araber schon im 9. Jh. ein kleines Fort angelegt, das die Johanniter zum Fort St. Angelo ausbauten. Vor der Festung errichteten sie ihre Stadt mit den Palästen für die verschiedenen Landsmannschaften, einem Hospital und anderen Bauten innerhalb gut befestigter Stadtmauern. Die große Belagerung durch die Türken von 1565 zeigte, dass Birgu kein idealer Standort für die Ritter war. Sie begannen mit dem Bau Vallettas auf der gegenüberliegenden Sciberras-Halbinsel, denn von dort aus waren sie von den Türken beschossen worden. Schon 1571 konnten sie nach Valletta übersiedeln, das nun Regierungssitz geworden war.

SEHENSWERTES

❶ Fort St. Angelo

Das weitläufige Fort an der Spitze der Halbinsel ist wegen langwieriger Restaurierungsarbeiten schon jahrelang geschlossen und nur für den amtierenden Großmeister des Johanniterordens und seine Besucher zugänglich.

❷ Inquisitoren-Palast

Wie überall in den römisch-katholischen Staaten Europas wütete auch auf Malta zwischen 1574 und 1798 die Inquisition. Der Stadtplast des Inquisitors blieb erhalten, eine Raumdecke ist mit den 62 Wappen aller maltesischen Amtsinhaber geschmückt. Angeklagte betraten den Gerichtssaal in gebeugter Haltung durch eine niedrige Tür.

Vittoriosa | Main Gate Street |
Tel. 21 82 70 06 | Di–So 10–17 Uhr |
Eintritt 6 €

❸ Ritterherbergen

In den ersten Jahren der Ritterherrschaft über Malta waren die Herbergen der Landsmannschaften noch klein und bescheiden. Sie standen hier in Vittoriosa dicht beieinander. Innenbesichtigungen sind nicht möglich, aber auf einem kurzen Rundgang kann man sie von außen sehen. Sie sind alle gut sichtbar markiert. Vom Hauptplatz der Stadt biegt man in die Triq Hilda Tabone ein. An der von ihr abzweigenden Triq il-Majjistral steht sogleich die Auberge d'Angleterre, die heute die Regionalbibliothek beherbergt. Darauf folgen in der Triq Hilda Tabone die Auberge d'Auvergne et Provence und die Auberge de France und auf der rechten Seite die Auberge de Castille et Portugal.

4 Vittoriosa Waterfront

Entlang der Bucht zwischen Vittoriosa und Senglea befinden sich Cafés und Restaurants in alten Lagerhäusern, davor liegen viele stattliche Jachten.

MUSEEN UND GALERIEN

5 Malta at War Museum

An die Grauen des Zweiten Weltkriegs auf Malta erinnert dieses Museum in alten Kasernen aus dem 18. Jh. mit zahlreichen Originalobjekten und einem 30-minütigen Dokumentarfilm.

Vittoriosa | Couvre Port | www.wirt artna.org | Di–So 10–17 Uhr | Eintritt 8 €

6 Malta Maritime Museum

Maltas Schifffahrtsmuseum ist in der ehemaligen Großbäckerei der britischen Marine angesiedelt und zeigt auf drei Etagen neben zahlreichen Schiffsmodellen und -gemälden auch den mit 4,5 t schwersten Steinanker aus römischer Zeit.

Vittoriosa | Vittoriosa Waterfront | www.heritagemalta.org | tgl. 9–17 Uhr | Eintritt 5 €

ÜBERNACHTEN

7 Indulgence Divine

Historisch – Das Stadthaus aus dem 16. Jh. bietet Platz für zwei Personen. Das Badezimmer ist hochmodern, die Küche ist schneeweiß, die übrige Möblierung mischt Antikes mit Poppigem. Auch eine gemütliche Dachterrasse mit Blick auf die benachbarten Häuser ist vorhanden. Der Mindestaufenthalt beträgt 5 Nächte.

Vittoriosa | Pope Alexander VII Street | Tel. 79 81 51 45 | www.indulgencedivine. com | €€

Auf hölzernen Bänken sitzt man bei der »Vintage Bus Tour« durch Vittoriosa (▶ S. 66), Cospicua und Senglea in einem Bus der Cottonera Motor Bus Company aus dem Jahr 1921.

8 Top End – Palazzo Vittoriosa

Exklusiv – Wo in Maltas erster Haupt-stadt der Johanniterzeit die Herbergen der Ordensritter standen, haben Rem-co Slik und seine Partnerin Jessica ei-nen alten Palazzo in Maltas exklusivste Unterkunft verwandelt. Die Gäste in den drei Suiten teilen sich Innenhof und Dachterrasse mit Pool, intime Dinner mit privatem Koch werden ebenso arrangiert wie private Koch-stunden, Chauffeur-Service und Su-perjacht-Charter.

Vittoriosa | Hilda Tabone Street 54–56 | Tel. 21 37 08 30 | www.palazzovittoriosa. com | €€€€

ESSEN UND TRINKEN

9 BeBirgu

Stilvoll – Zu Ostern 2013 hat der belgi-sche Koch Ed Schoebben im Clubhaus der Philharmonischen Gesellschaft »Socjeta Muzikali Banda Vittoriosa San Lawrenz« von 1883 einen seiner Träume verwirklichen können. Im kleinen Innenhof des Historischen Baus und den Räumen des Erdgeschos-ses konnte er sein stilvolles Lokal eröff-nen, in dem er exzellenten Kaffee, fri-sche Säfte, belgische Biere, belgische und maltesische Snacks und kleine, stets frisch zubereitete Gerichte ser-viert. Dabei isst hier auch das Auge mit, so delikat sind die Speisen ange-richtet. Besonderer Clou des Hauses allerdings ist der historische Billardsaal mit zwei Tischen und Zuschauerses-seln entlang den Wänden. Einer der Tische ist Clubmitgliedern vorbehal-ten, der zweite kann auch von Gästen genutzt werden.

Vittoriosa | Misrah Ir-Rebha | Tel. 77 22 00 77 | tgl. 7–22 Uhr | €

Ziele in der Umgebung

⊚ COSPICUA/BORMLA   G 5
6100 Einwohner

Das Städtchen, das früher Bormla ge-nannt wurde, zählt zu den historischen »Three Cities« (Drei Städte), die heute nahtlos ineinander übergehen. Cospi-cua liegt dabei schützend auf der Land-seite vor den beiden auf Halbinseln erbauten Städten Senglea und Vittorio-sa, unter Maltesern »Birgu« genannt.

In Zweiten Weltkrieg wurde Cospicua nahezu vollständig zerstört. Dennoch ist ein Gang durch die Gassen dieses Ortes, der vor allem von Werftarbei-tern bewohnt wird, recht lohnenswert. Anders als beispielsweise in Sliema hat hier der Tourismus das tägliche Leben noch gar nicht beeinflusst.

Südöstl. von Vittoriosa

⊚ SENGLEA   G 5
3500 Einwohner

Der von den Einheimischen auch »Isla« genannte Ort gehört neben Vit-toriosa und Cospicua zu den »Three Cities« (Drei Städte), welche die Johan-niter gleich nach ihrer Ankunft auf der Insel Malta befestigten. Zu sehen ist von den Bauten der Ritterzeit so gut wie nichts mehr, lediglich ein kleiner Beobachtungsposten auf den Resten des alten Michael-Forts hat sich erhal-ten, der eine schöne Aussicht bietet. Er ist mit zwei Augen, zwei Ohren und einem Kranich aus Stein geschmückt. Diese Symbole sollten die Wachsam-keit der Ritter im Dienste des Christen-tums hervorheben.

Westl. von Vittoriosa

ÜBERNACHTEN

Sally Port Senglea ▶ S. 24

Vittoriosa (Birgu)

Fort a
St. Angelo

b

Galley
Harbour

Dockyard Creek

Auberge
d'Italie

Triq Il-Habs L-Antik

Poste d'Angleterre

Triq San Lawrenz

K a l k a r a   C r e e k

Our Lady of
Monserrat

Our Lady of
Mount Carmel

Triq San Anton

Triq Il-Palazz

Triq San Filippu

Triq La Valette

Triq Santa Skolastika

Ordens-
hospital
Sacra
Infermeria

St. Philip

St. Anne

Triq Il-Mirații

Poste d'Allemagne

Vittoriosa
Waterfront

Triq San Anton

Auberge d'Auvergne
& Provence

Auberge de France
Auberge d'Aragon

Malta Maritime
Museum

Triq
Nestu Laviera Ir-Rebha

Misrah
Ir-Rebha

Auberge
d'Angle-
terre

Triq H. Tabone

Triq Majistral

Auberge
de Castille

Triq Il-Foss

Triq Id-Dejqa

Poste de Castille

Norman
Building

Triq Ta' Buswit Il-Kwartier

Triq Il-Kwartier

St. Josefs
Oratorium

St. Lawrence
Parish

Freedom
Monument

Inquisitoren-
Palast

Triq Il-Kardinal

Triq San Gorg

Triq Le-Papa Alessandru

Knight's Hall

Armoury &
Civil Hospital

Università

Triq
Il-Kunsill

Triq
Bettina

Triq Il-Kunvent

Triq Il-Mina L-Kbira

Triq It-Torri Ta' San Gwann

Bishop's
Palace

St. James'
Cavalier

Triq Wenzu Dyer

Triq San Lawrenz

Tel Ghet
Tal-Mina L-Kbira

St. John's
Cavalier

Coronation
Gardens

Poste d'Auvergne

Main
Gate

Malta at War
Museum

Poste de Provence

0   600 m

© MERIAN-Kartographie

Im Fokus
Valletta und das Leben der Johanniterritter

*Valletta war zu Ritterzeiten eine internationale Stadt. Hierher kamen
adlige junge Männer aus ganz Europa, um ihr Leben in den Dienst
des Ordens zu stellen, den osmanischen Erbfeind zu bekämpfen,
Kaperfahrten zu unternehmen und Kranke zu pflegen.*

Besonders an heißen Sommertagen ist der Palace Square vor dem Großmeisterpalast in Valletta für Kinder und Erwachsene ein erfrischender
Aufenthaltsort. Aus zahlreichen Öffnungen im Pflaster des repräsentati-
ven Platzes springt dann kühles Wasser in die Höhe. Wer mag, genießt
eine kühle Dusche oder spaziert zumindest barfuß durch das weitläufig
abfließende Nass. Auch einfach auf einer Bank zu sitzen und zuzuschau-
en kann Spaß machen, denn die Fontänen sprudeln nicht immer, sondern in Intervallen. So mancher Städtewanderer bemerkt gar nicht, dass
er in einem Brunnen steht und wird ganz unfreiwillig erfrischt.
Für die Menschen, die Valletta vor 450 Jahren erbauten, sind solche Ver-
gnügungen unvorstellbar gewesen. Malta ist ja eine äußerst wasserarme
Insel, besitzt weder Seen noch Flüsse, zählt in etwa ebenso geringe Nie-
derschlagsmengen wie der Wüstenstaat Ägypten. Als Kaiser Karl V. diesen kargen Fels im Meer den vom grünen Rhodos vertriebenen Rittern

◀ Heute im Louvre zu besichtigen: »Alof de Wignacourt und sein Page« von Caravaggio.

1530 als Lehen anbot, waren die denn auch gar nicht begeistert und stimmten nur mangels Alternativen zu. Zuerst ließen sie sich in Birgu nieder, das heute auch Vittoriosa genannt wird. Nach der siegreich überstandenen Großen Belagerung von 1565 siedelten sie ins neu gegründete Valletta auf der Sciberras-Halbinsel über. In beiden Städten stand ihnen nur das in Zisternen gesammelte Regenwasser zur Verfügung. Für Frischwasser mussten Boote nach Marsa am innersten Ende des Grand Harbour geschickt werden, wo die Ghajn Filep die nächstgelegene von Maltas wenigen Quellen war. Da ist verständlich, dass es in Birgu und Valletta nicht einmal den Ordensrittern gestattet war, in ihren Häusern und Palästen die Innenhöfe zu bepflanzen oder gar Gärten anzulegen.

EIN SPENDABLER GROSSMEISTER

Vallettas Wasserprobleme wurden erst etwa 50 Jahre nach Gründung der Stadt gelöst. Sie zählte damals etwa 13 000 Bewohner, knapp ein Drittel der gesamten Inselbevölkerung. Schon Großmeister Martino Garzes (1595–1601) nahm das Projekt in Angriff. Da es keinen Staatshaushalt für solche Ausgaben gab, spendete er selbst 2000 Scudi. Zwei andere Würdenträger stellten aus eigener Tasche sogar 18 000 Scudi zur Verfügung. Doch das reichte zur Finanzierung bei weitem nicht aus, das Vorhaben wurde ad acta gelegt. Der nächste Großmeister, Alof de Wignacourt (1601–1622), war großzügiger und darum erfolgreicher. Er trug die Baukosten von letztlich 434 605 Scudi fast ganz allein. Nur ein Zehntel des Betrags trugen die Einnahmen der Ordensbäckerei dazu bei. 1610 wurde der Bauauftrag erteilt. Erster Baumeister war ein Jesuitenpater aus Messina. Als er entnervt von Schwierigkeiten aufgab, übernahm ein Ingenieur aus Bologna sein Amt. Am 21. April 1615 sprudelte erstmals in der Geschichte Wasser aus einem Brunnen auf dem Palace Square. Es stammte aus vier 16 km von Valletta entfernten Quellen nahe Dingli und wurde durch Kanäle im Boden bis Attard geleitet. Von dort wurde es über ein Aquädukt, das streckenweise heute noch gut erkennbar ist, bis Hamrun geführt und dann unterirdisch quer durch Valletta bis zum Fort St. Elmo an der Spitze der Halbinsel. Das Wasser sprudelte nicht nur aus Brunnen in Valletta, sondern auch in Orten am Wege dorthin. Vor allem füllte es über 50 neue, auch für einen erneuten Belagerungsfall konzipierte Zisternen, deren Pflege einem hochrangigen Ritter oblag. Bereits 1637 wurden

auch Privathäuser der Oberschicht an die Wasserversorgung angeschlossen – ein wahrer Luxus in jener Zeit.

Großmeister Wignacourt, der Finanzier des heute nach ihm benannten
Aquädukts, war ein reicher Mann. Er schenkte Malta aus eigener Tasche
auch 14 neue Befestigungstürme entlang der Küste und hinterließ u.a.
eine kunstvoll geschmiedete Paraderüstung, die heute in der Waffenkammer des Großmeisterpalastes ausgestellt ist. Porträts von ihm hängen im
Großmeisterpalast und im Museum of Fine Arts. Er war 1547 in Frankreich geboren und trat dem Ritterorden bereits im zarten Alter von
17 Jahren bei. Mit 54 Jahren wurde er einstimmig zu seinem 54. Großmeister gewählt. Anders als der eher asketische Stadtgründer La Vallette
liebte Wignacourt den Prunk. Er holte den berühmten Barockmaler Caravaggio nach Malta, umgab sich mit jungen Pagen aus dem Hochadel
ganz Europas und hielt Hof wie Fürsten und Könige. Offiziell residierte er
zwar im Großmeisterpalast, besaß darüber hinaus aber auch noch seinen
eigenen Privatpalast in Rabat, der heute ein Museum ist.

DIE GESCHÄFTE DES ORDENS

Eine wesentliche Quelle des Reichtums für Wignacourt, den Orden allgemein und viele seiner Ritter waren Kaperfahrten im gesamten Mittelmeerraum, die in der Regel dreimal im Jahr unternommen wurden. Ihre
Galeeren, meist nur etwa 40 m lang, waren mit bis zu 500 Mann Besatzung unterwegs: Dazu zählten 30 bis 35 Ritter, bis zu 200 niederrangige
Soldaten und bis zu 300 Sklaven als Ruderer. Auch ein Doktor und Kran-
kenpfleger waren immer mit an Bord.

Die Galeeren überfielen nicht nur Schiffe des osmanischen Sultans und
seiner Kaufleute oder muslimischer Korsaren aus Nordafrika, sondern
liefen sogar wagemutig in fremde Häfen wie den von Tunis ein, um Beute
zu machen. Ihre diesbezüglichen Heldentaten haben die Ritter auf zahlreichen Gemälden im Großmeisterpalast darstellen lassen. Ihre Beute
bestand nicht nur aus Waren wie Gold, Silber, Seide und Gewürze, Wein
und Getreide, sondern vor allem auch aus Sklaven, die auf den Märkten
Europas und da vor allem Italiens verkauft werden konnten. Auch auf
Malta waren sie willkommene Arbeitskräfte: Noch im 18. Jh. wurden hier
über 2000 Sklaven gezählt.

Für ständige Einnahmen sorgten zudem zahlreiche Ländereien überall in
Europa, die den Rittern oder dem Orden gehörten. Auch in Deutschland
hatte der Orden bereits seit 1154 Besitztümer – das erste bei Duisburg,
viele weitere vor allem in Brandenburg, Pommern oder auch in der Eifel.

Bis zur Eroberung Zyperns durch die Osmanen im Jahr 1571 besaß man – wie zuvor schon auf Rhodos – sogar noch Zuckerrohrplantagen auf Zypern. Nachdem sich die Wasserversorgung Maltas und Gozos im 16./17. Jh. weiter verbesserte, wurde auch hier der Boden intensiv genutzt. So war Malta zeitweise für seine saftigen Blutorangen berühmt, es wurde hier sogar Baumwolle angebaut. Daraus gewobene Segel waren weithin begehrt. Auch im Immobiliengeschäft war der Orden tätig: So verpachtete er seine alten, nicht mehr selbst benötigten »Auberges« bereits seit dem Jahr 1586.

HERBERGEN UND EIN HOSPITAL

Über das Privatleben der Ritter wissen wir leider so gut wie gar nichts. Sie mussten dem europäischen Adel angehören und ein Keuschheits-, Armuts- und Gehorsamkeitsgelübde ablegen. Zumindest die ersten beiden hielten viele Ritter aber keineswegs strikt ein – siehe Alof de Wignacourt. Spätestens vom 17. Jh. an wurden die Sitten immer lockerer. Reisende berichten von Straßen voller weiblicher Schönheiten aus ganz Südeuropa und sogar Nordafrika, Erlasse verboten die Adoption unehelicher Kinder, die Syphillis war stark verbreitet. »Es gibt nur wenige Heilige unter den Rittern«, stellte ein Reisender ernüchtert fest. Und sparsam mussten sie auch nicht sein, denn schließlich hatten sie offiziell ja keine Kinder.

Ob die Ritter in Privathäusern lebten oder alle gemeinsam in den Herbergen ihrer jeweiligen Landsmannschaften wohnten, ist nicht sicher festzustellen. Auf jeden Fall aber ließen sich zumindest einige hochrangige Ritter ihre eigenen Jagd- und Sommerschlösschen erbauen: so schon 1583 Großmeister Verdalle den Verdala Palace oberhalb der Buskett Gardens und noch 1783 Großmeister Manoel de Rohan den Selmun Palace im Norden der Insel.

Dass die Johanniterritter von Malta trotz ihrer räuberischen Kaperfahrten, ihrer Sklavenhaltung, ihrer Prunksucht und teilweise auch ihres gar nicht frommen Lebenswandels heute noch einen so guten Ruf haben, verdanken sie nur einem kleinen Teilbereich ihres Wirkens: der Krankenpflege. Sie betrieben in Valletta über Jahrhunderte hinweg das wohl weltweit größte Hospital, in dem sie Menschen aller Stände und sogar ihre Sklaven umsorgten. In diesem Hospital musste selbst der Großmeister in eine simple Kutte gehüllt regelmäßig seinen Dienst verrichten. Der große Krankensaal der »Sacred Infirmary« ist bis heute eine der bedeutendsten Sehenswürdigkeiten der Insel. Man sollte sich von ihm aber nicht blenden lassen.

DER SÜDEN

Der moderne Küstenort Marsascala und das alte Fischerdorf Marsaxlokk sind zwei fotogene Ziele im Süden der Insel Malta. Auch die Blaue Grotte und steinzeitliche Tempelanlagen locken die Besucher zur Besichtigung.

Der moderne Küstenort Marsascala und das alte Fischerdorf Marsaxlokk sind zwei fotogene Ziele im Südosten der Insel Malta. Beide sind zwar beliebte Ausflugsziele, aber bieten kaum Übernachtungsmöglichkeiten. In **Marsascala** gibt es nur ein etwas größeres Hotel und ein paar Studios. Ein annehmbarer Strand liegt an der St. Thomas Bay, an der noch vor wenigen Jahren nur ein paar Fischerhütten standen. Linienbusse verbinden das Ortszentrum mit der Bucht, sodass man problemlos zu den verschiedenen Badeplätzen gelangt. Sie sind allerdings typisch maltesisch: Das einzige Stück Sandstrand an der St. Thomas Bay reicht höchstens zur Aufnahme zweier Schulklassen aus, ansonsten steigt man von wenig kinderfreundlichen, aber hautfreundlich glatten Felsterrassen aus ins Meer. In **Marsaxlokk** gibt es gar nur zwei Unterkunftsmöglichkeiten. Baden kann man direkt am Ortsrand von Marsaxlokk an einem etwa 100 m lan-

◀ Beliebtes Fotomotiv: die bunten Luzzu-
Boote im Hafen von Marsaxlokk (▶ S. 77).

gen Grobsandstrand am östlichen Ufer der Bucht. An der Spitze der Halbinsel Delimara, die die Bucht nach Marsascala hin begrenzt, findet man zudem zwei kleine Badebuchten, Il Qala und St. Peter's Pool. Letzterer wird besonders gerne von Einheimischen genutzt.

Mit Linienbussen sind beide Orte gut an Valletta und damit die übrige Insel angebunden – und auch für eine Bademöglichkeit im Meer ist in beiden Orten gesorgt. Das Gebiet zwischen Marsascala und dem Grand Harbour ist ebenso wie die Region westlich und südwestlich von Marsaxlokk vor allem Gewerbegebiet. Weiter westlich von Marsaxlokk liegen dann erst wieder bedeutende Sehenswürdigkeiten: die **Blue Grotto** und die beiden Tempel von **Hagar Qim** und **Mnajdra**, die von allen maltesischen Tempeln am schönsten in unmittelbarer Meeresnähe gelegen sind.

MARSASCALA ✔H5

5400 Einwohner

Marsascala ist ein beliebter Ausflugs- und Ferienort der einheimischen Bevölkerung. Das Ortsbild wird von der Pfarrkirche St. Anna beherrscht. An den Wochenenden und im Ferienmonat August herrscht hier besonders abends ein reges Treiben, sind die meist auf Fisch spezialisierten Restaurants gut besucht, wird entlang der Einkaufsmeile flaniert. An den übrigen Tagen des Jahres ist Marsascala weitaus stiller und beschaulicher. Der Tourismus ist nach Schließung des Großhotels Jerma Palace 2007 und der Umwandlung eines weiteren Hotels in ein Altersheim stark zurückgegangen, die wenigen übrigen Unterkünfte haben kein hohes Niveau. Die vielen Zweit-wohnungen der Malteser in Marsascala stehen wochentags leer. Diese Häuser ziehen sich wie ein breiter Saum um eine langgestreckte Bucht herum, die einen idealen Schutzhafen für Boote abgibt.

SEHENSWERTES

Salinen

An das ehemalige Hotel Jerma Palace in Marsascala schließt sich östlich entlang der Küste eine ausgedehnte Saline an, die noch immer wirtschaftlich genutzt wird. Wie so oft auf den Inseln Malta und Gozo sind aus dem Uferfels zahllose kleine Wasserbecken unterschiedlicher Größe ausgemeißelt worden, in denen das Meerwasser verdunstet, sodass im Sommer Salz geerntet werden kann.

St. Thomas Tower

Gegenüber dem Eingang zum ehemaligen Großhotel Jerma Palace in Marsascala erhebt sich ein Festungsturm, den die Johanniterritter 1614 errichten ließen. Er sollte die Bucht besser schützen, in der kurz zuvor arabische Korsaren gelandet waren, um das Nachbardorf Zejtun zu plündern.
Eine Innenbesichtigung des Gebäudes ist nicht möglich

ÜBERNACHTEN

Etvan

Das beste Hotel im Süden – Das einfache, etwa 100 m vom Meer erbaute Mittelklassehotel mit großem Pool ist das beste der ganz wenigen Hotels im Süden. Viel Komfort darf man nicht erwarten, dafür wohnt man abseits der Touristenströme. Das Hotelgebäude ist viergeschossig, steht etwa 150 m vom Meer und 500 m vom Ortszentrum entfernt.
Marsascala | Triq il-Qaliet | Tel. 61 63 23 23 | www.etvan.com | 50 Zimmer | €€

ESSEN UND TRINKEN

Tal-Familja

Echt maltesisch – Das Restaurant am Ortsrand mit etwa 150 Plätzen innen und auf der Terrasse wird von der Familie Preca liebevoll geführt und gilt als eines der besten der Insel. Als Hauptgerichte werden Fisch und Fleisch gleichermaßen angeboten, auch für Vegetarier ist gesorgt. Ungewöhnliche Vorspeisen sind z.B. Kaninchenleber und Thunfischwurst.
Marsascala | Triq il-Gardiel | Tel. 21 63 21 61 | www.talfamiljarestaurant.com | tgl. 12–15.30 und 18–23.30 Uhr | €

The Stuffed Olive

Schöner Blick – Das kleine Restaurant an der Uferstraße auf der Ostseite der Bucht von Marsascala bietet neben allgemein mediterraner Küche stets auch einige albanische Spezialitäten an.
Marsascala | Marina Street 18–20 | Tel. 21 63 36 16 | Mi–Mo ab 11 Uhr | €€

Ziele in der Umgebung

◉ FORT RINELLA　　　G5

Durch das erst 1878 von den Briten erbaute Fort führen Malteser in britischen Uniformen aus viktorianischer Zeit. Täglich um 14.30 Uhr lassen sie das Kasernenleben lebendig werden und feuern aus Kanonen. Auch Besucher können gegen eine kleine Gebühr aus historischen Gewehren feuern. Der Stolz des Forts ist eine über 11 m lange 100-Tonnen-Kanone von 1878, die angeblich den Schriftsteller Jules Verne nach seinem Besuch im Fort zu seinem Werk »Von der Erde zum Mond« inspirierte, in dem der Romanheld in einer Kanone zum Mond geschossen wird.
Führung Di–So (stdl.) 10–17 Uhr | Ticket 10 €, Führung um 14.30 Uhr 5 € zusätzlich 6 km nordwestl. von Marsacala

◉ MEDITERRANEAN FILM STUDIOS ▶ S. 87

◉ ZABBAR　　　G5
14 700 Einwohner

Vor dem Städtchen steht das einzig nennenswerte Bauwerk, das der deutsche Großmeister des Johanniterordens auf der Insel errichten ließ: ein Stadttor ohne jede Funktion, mit der Ferdinand von Hompesch 1797/1798 diesen Ort schmückte.
3 km nordwestl. von Marsascala

◎ MARSAXLOKK ⚑ G6
3000 Einwohner

Wenige Kilometer südlich der St. Thomas Bay liegt der bei Touristen beliebte Ort Marsaxlokk in einer wettergeschützten Bucht. Diese bietet mit ihren verschiedenen Ausbuchtungen Fischerbooten und Containerschiffen einen gleichermaßen ruhigen Hafen. Ein Kraftwerk, Kaianlagen mit hohen Containerkränen und zugleich auch Fischerromantik prägen das Antlitz der Bucht. Malta ist zu klein, um auf optischen Umweltschutz für seine Schönheiten Rücksicht nehmen zu können. Vielleicht ist Marsaxlokk deswegen kein Urlaubs-, dafür aber der meistbesuchte Ausflugsort der Insel. Wenn man nur in die richtige Richtung schaut, kann man hier die schönsten Bilder für eine Fototapete schießen.

In der Bucht von Marsaxlokk landeten 1565 die türkischen Heerscharen und 1798 die napoleonischen Truppen. Architektonische Zeugnisse haben sie in Marsaxlokk ebensowenig wie anderswo hinterlassen. Der Ort bietet dafür eine ländliche Prospektidylle, die man ansonsten auf Malta selten findet. Auf der Uferpromenade wird werktags ein kleiner Markt vor allem für Touristen und sonntags ein auch von vielen Maltesern gut besuchter **Straßenmarkt** ⭐ abgehalten. Gleich davor liegen auf dem Wasser Hunderte bunt bemalter Fischerboote und auch einige größere Fischkutter.

Kleine Restaurants und Snackbars entlang der Uferpromenade bieten verschiedene Fischgerichte an, die man nirgends auf Malta frischer serviert bekommt als hier. Über allem thront

Eine besondere Attraktion in Marsaxlokk (▶ S. 77) ist der Markt, auf dem sonntags fangfrischer Fisch und Meeresfrüchte sowie diverse andere Lebensmittel angeboten werden.

die Pfarrkirche Our Lady of Pompei am Hauptplatz des Dorfes.

Blickt man in die Ferne, sieht man auf der einen Seite der Bucht die Hafenanlage von Kalafrana, Maltas modernem Tiefwasser- und Containerhafen. Hier herrscht Tag und Nacht viel Betrieb, es laufen rund um die Uhr große Schiffe ein und aus. Auf der anderen Seite der Bucht erbaute man nur etwa 2 km entfernt vom Ort Marsaxlokk ein neues Kraftwerk, das den Großteil der zwei Milliarden Kilowattstunden Strom produziert, den Malteser und Touristen jährlich auf den Inseln verbrauchen.

ÜBERNACHTEN

Duncan

Familiär und zentral – Die Inhaber des gleichnamigen Restaurants direkt am Kirchplatz und am Hafen vermieten über dem Restaurant acht Studios mit Balkon, Kühlschrank und einfacher Kochgelegenheit. Das Apartment auf dem Dach bietet sogar zwei Schlafzimmer und gleicht einem Penthouse, denn die Bewohner können die gesamte Dachterrasse nutzen. Eine frühzeitige Buchung empfiehlt sich, denn die Studios haben viele Stammgäste.

Marsaxlokk | Xatt is Sajjieda 33 | Tel. 21 65 72 12 | www.duncanmt.com | 8 Studios | €

Harbour Lodge

In Hafennähe – Die den Inhabern des Fischrestaurants Pisces gehörende Pension mit Zimmern für 2 bis 8 Personen ist modern ausgestattet und verfügt über WLAN. Sie liegt etwa 130 m von der Bucht entfernt.

Maltas moderner Containerhafen Kalafrana an der Marsaxlokk Bay ist eine Drehscheibe für den Frachtverkehr, hier gesehen vom Strand an der Pretty Bay bei Birzebugga (▶ S. 79).

Marsaxlokk | San Piju V Street 38 | Tel. 99 82 14 91 | www.harbourlodgemalta. com | 17 Zimmer | ♿ | €–€€

ESSEN UND TRINKEN

RESTAURANTS

Ella's Food Factory ⚑

Geschmackvoll – Auf der Westseite des Fischerhafens von Marsaxlokk steht zwischen aufgebockten Fischerbooten und kleinen Reparaturwerften ein hässlicher Gewerbebau, der seit 2013 ein hypermodernes, durchgestyltes Restaurant beherbergt. Die Einheimischen schätzen es vor allem wegen seiner Pizza und Pasta, Reisende kosten hier auch gern ein marokkanisches Fisch und Muschel-Tajine, maltesischdeftig zubereiteten Schweinebauch oder Schweinebäckchen mit Gewürzen aus der Karibik. Große Fenster und eine große Terrasse garantieren einen stimmungsvollen Blick aufs Fischhafenmilieu.

Marsaxlokk | Xatt is-Sajjied | Tel. 21 65 25 49 | www.ellasfoodfactory.com | Di–Fr 11–14.30 und ab 18.30, Sa nur ab 18.30, So nur 11–14.30 Uhr | €–€€

iPlace ⚑

Digitale Speisekarte – Sehr mutig ist das Konzept dieses neuen Café-Restaurants am Hafen von Marsaxlokk. Über 80 i-pads wurden angeschafft und werden jetzt den Gästen statt Speisekarten vorgelegt. Wer mag, kann auch elektronisch bestellen und die Rechnung anfordern. Flinke junge Servicekräfte gibt es freilich auch weiterhin. Das i-pad bleibt auf dem Tisch, bis der Gast geht. Es kann auch zum Abrufen von Mails, zum Surfen oder für vorinstallierte Spiele genutzt werden. Eine internationale Crossover-Küche, gute Steaks, Fischgerichte und Pizze machen das Lokal zusätzlich bei den Maltesern so beliebt, dass man für abends besser einen Tisch vorbestellt – per Internet!

Marsaxlokk | Triq Wilga | Tel. 21 65 41 14 | www.iplace.com.mt | €€

Leonardo ▶ S. 28

Pisces

Immer frischer Fisch – In diesem einfachen Fischrestaurant direkt an der Uferpromenade sitzen meist viele maltesische Familien. Besonders lecker und unkompliziert zu essen sind der frische Thunfisch mit Kapernsauce. Einen Hauch von Spanien vermittelt die Paella mit Meeresfrüchten.

Marsaxlokk, Xatt Is-Sajjieda 49/50 | Tel. 21 65 49 56 | tgl. 11–22.30, Sommer Mo 11–15, Winter So–Di 11–15 Uhr | €€

SERVICE

Malkurse

Der maltesische Künstler Vincent Amos bietet nach Vereinbarung individuelle, fünfstündige Malkurse für Anfänger und Könner an. Bei gutem Wetter wird am Hafen oder auf der Dachterrasse des Restaurants Duncan gemalt, bei schlechtem im Studio des Künstlers.

Marsaxlokk | Charden Flats, Flat 4, Dahlet Giuseppi Stagno | Kontakt über Duncan: Tel. 21 65 72 12, www.duncanmt. com | 5 Std. inkl. Material 35 €

Ziele in der Umgebung

◎ BIRZEBBUGA ◣ G 6

7000 Einwohner

Die Bewohner dieser Stadt arbeiten überwiegend im Hafen von Kalafrana und im Gewerbegebiet von Hal Far. Tourismus gibt es hier gar nicht. Für kulturell sehr Interessierte lohnt ein Blick auf die Schiffsmotive aus der Johanniterzeit an der Fassade der Pfarrkirche, von der Uferpromenade und ihren Sitzbänken aus lässt sich gut das geschäftige Treiben am Container-Terminal beobachten. Am kleinen Strand an der Pretty Bay kann man zwar baden, blickt dabei freilich stets auf die Schiffsriesen, die das Meer nicht gerade sauber halten.

4 km südwestl. von Marsaxlokk

◎ BLUE GROTTO F 6

Zur Blauen Grotte kommt man nur per Boot vom Hafen Wied iz-Zurrieq aus. Die Motorboote fahren zunächst an der eindrucksvollen Steilküste entlang und erreichen dann eine weite Bucht mit mehreren Höhlen, in die das Meer eingebrochen ist. Die schönste von ihnen ist die Blaue Grotte. Sie besitzt zwei Eingänge, ist etwa 30 m hoch und hat einen Umfang von 90 m. Fährt man hinein, überrascht das Farbenspiel des Wassers ebenso wie der Anblick der orangefarbenen Korallen an den Felswänden. Den schönsten Lichteinfall hat man am frühen Vormittag.

Auskunft bei zweifelhafter Wetterlage: Tel. 21 64 99 25 | Bootsfahrt etwa 25 Min., 7 € pro Person

15 km südwestl. von Marsaxlokk

◎ GHAR DALAM G 6

Menschen leben auf Malta schon seit mindestens 7200 Jahren. Das haben Funde in dieser Höhle bewiesen, die etwa 1 km vor Birzebbuga an der Hauptstraße von Valletta liegt. Entdeckt wurden menschliche Knochen

und Tonscherben. Archäologische Forschungen ergaben, dass diese Menschen von Sizilien herübergekommen sein mussten. Zugleich erbrachte diese Höhle auch den Beweis, dass Malta noch vor 12 000 Jahren eine Landverbindung mit Sizilien und noch früher vielleicht sogar mit Afrika besessen hatte: Man fand in der Höhle nämlich Knochen von Elefanten, Flusspferden, Wölfen, Hirschen und Braunbären. Zahlreiche Knochen sind im Boden der 144 m langen Kalksteinhöhle noch immer zu sehen.

Tgl. 9–17 Uhr | Eintritt 5 €

4 km südwestl. von Marsaxlokk

◎ GHAR HASSAN G 6

Südöstlich des Gewerbegebiets von Hal Far liegt in der Steilküste eine kleine Höhle, die weder ausgeschildert noch offiziell zugänglich ist. Folgt man von der Straße zwischen Kalafrana und Hal Far dem Wegweiser zur Fabrik »Aeromaritime« und hält dann auf dem Parkplatz vor der Werkseinfahrt, kann man hier durch ein Loch im Zaun steigen und dem gut erkennbaren Zementweg etwa 200 m weit folgen. Die stockdunkle Höhle ist unspektakulär, doch das Erlebnis der Steilküste und unberührter Natur ist hier besonders intensiv.

Gang zur Höhle auf eigene Gefahr!

8 km südwestl. von Marsaxlokk

◎ GHAR LAPSI E 6

Die kleine Bucht ist ein uriger Badeplatz. Man liegt entweder in winzigen Grotten mit etwas Sand- oder Kieselboden oder auf Betonterrassen. Einheimische kommen aber nicht nur zum Baden hierher, sondern vor allem auch wegen des einzigartigen Restaurants Blue Creek.

18 km westl. von Marsaxlokk

ESSEN UND TRINKEN

Blue Creek

Exzellenter Service – Auf der dreiseitig vom Meer umspülten Terrasse dieses gepflegten Restaurants abseits allen Touristentrubels fühlt man sich fast auf ein Schiff versetzt. Sehr gute Fisch- und Kaninchenzubereitung.

Ghar Lapsi | Tel. 21 46 28 00 | www. bluecreekmalta.com | Mi–Mo 12–15.30, Fr–So 18.30–23 Uhr | €€€

◎ HAGAR QIM ⚜ ◢ F 6

Plan ▶ S. 83

Diese steinzeitliche Tempelanlage liegt besonders schön in der Natur, oberhalb der hier sanft zum Meer abfallenden Küste. Wenn man nur einen Tempel auf Malta besuchen will, sollte es dieser sein. Zum Schutz vor Wind und Wetter ist er überdacht.

Er entstand in zwei Phasen um 3500 und um 2800 v. Chr. und besteht aus mehreren Räumen, die von einer gemeinsamen, freizügig geschwungenen Fassade eingefasst sind. Ihre Bauweise ist noch gut zu erkennen. Sie bestand aus aufrecht stehenden Steinplatten; links und rechts vom Haupteingang jedoch ruhen zwei Reihen waagerechter Steinplatten auf niedrigeren senkrecht stehenden Platten. So wurde der Eingangsbereich besonders betont. Vor der Fassade erkennt man noch gut eine lange »Bank«, die von den Wissenschaftlern als sogenannter Bankaltar bezeichnet wird, auf dem die Tempelbesucher Opfer ablegen konnten.

Die steinzeitliche Tempelanlage von Hagar Qim (▶ S. 81) im ursprünglichen Zustand. Seit 2009 ist sie zum Schutz vor Umwelteinflüssen mit einer riesigen Zeltkonstruktion überdacht.

Geht man um den Tempelkomplex einmal herum, fallen in der Fassade zwei besonders mächtige Megalithen (Großsteine) auf. Der eine beeindruckt durch seine Höhe von 6,4 m, der andere durch seine Gesamtmaße. Er ist 4 m hoch, 7 m lang und 60 cm dick. Sein Gesamtgewicht beträgt schätzungsweise um die 20 Tonnen.

Der Haupteingang ist gut erhalten. Er wird links und rechts von je einer Reihe von drei senkrecht stehenden Megalithen gebildet, über die eine riesige Deckplatte gelegt wurde. In den hintersten Megalithen sind noch Löcher erkennbar, in denen einst die Verschlussbalken lagerten.

In den Tempelräumen gibt es verschiedene Formen von Altären. Besonders auffällig sind die Blockaltäre mit ihrem typischen Punktedekor. Eine andere beliebte Altarform waren offenbar die Trilithaltäre, die aus senkrecht stehenden Steinplatten bestehen, über die andere Platten waagerecht gelegt wurden. Auffällig sind auch die sogenannten Fenstersteine. Das sind senkrecht stehende Steine, in die ovale Löcher eingeschnitten wurden, durch die ein Mensch gerade hindurchsteigen kann. Sie dienten offenbar dazu, den Zugang zu besonderen Räumen des Tempels noch geheimnisvoller und damit vielleicht heiliger zu gestalten. Im »Raum für Gläubige« wird vorstellbar, wie zumindest ein Teil des Tempeldaches konstruiert wurde. Auf einer Reihe senkrecht stehender Steinplatten liegen mehrere Reihen waagerechter Platten, die zum Raumzentrum hin leicht überkragen. So entstand der Eindruck eines Gewölbes. Wahrscheinlich war es aber nicht bis zum oberen Dachabschluss hin fortgesetzt, sondern wurde nach einer gewissen Höhe mit Balken und Lehmerde abgedeckt. An eben jenen Raum schließt sich südöstlich eine kleine Kammer an, die mit diesem Raum nur durch ein kleines Loch in Verbindung steht. Man vermutet, dass in dieser Kammer eine Priesterin saß, die den Pilgern im größeren Raum durch dieses Loch das Orakel verkündete. Zusatzinformationen über den Tempel vermittelt das moderne Besucherzentrum, das sich am Parkplatz befindet, in dem Kinder Tempel auch mit entsprechend geformten Bauklötzen nachbauen können.

Mitte April–Mitte Okt. tgl. 9–19, Mitte Okt.–Mitte April 9–17 Uhr | Eintritt mit Mnajdra 9 €

13 km westl. von Marsaxlokk

◉ HAL FAR   🔖 G 6

Das Gelände eines ehemaligen britischen Militärflughafens, das während der Verteidigung Maltas im Zweiten Weltkrieg eine bedeutende Rolle spielte, wurde nach Erlangung der Unabhängigkeit in Maltas bedeutendstes Industrie- und Gewerbegebiet verwandelt. Viele internationale Firmen siedelten sich hier an, darunter z.B. auch Playmobil und Lloyd-Schuhe. Seit einigen Jahren stehen hier in einem umzäunten Lager auch die Wohncontainer, in denen zahlreiche afrikanische Bootsflüchtlinge untergebracht sind. Eine kurze Rundfahrt mit dem Mietwagen ermöglicht einen guten Einblick in die maltesische Wirklichkeit abseits aller Hochglanzprospekte und mahnt mehr europäische Solidarität in Flüchtlingsfragen an.

8 km süwestl. von Marsaxlokk

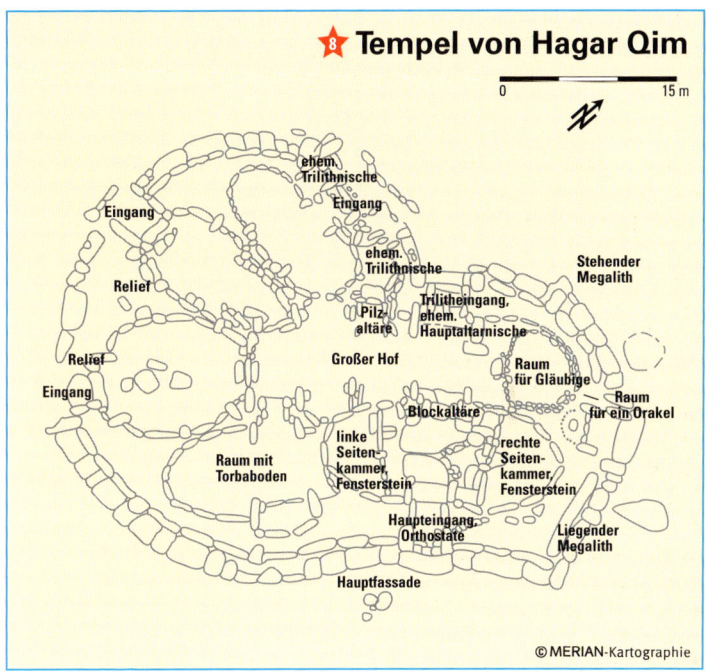

⭐8 **Tempel von Hagar Qim**

0   15 m

ehem.
Trilithnische

Eingang

Eingang

ehem.
Trilithnische

Stehender
Megalith

Relief

Trilitheingang,
ehem.
Hauptaltarnische

Pilz-
altäre

Relief

Großer Hof

Raum
für Gläubige

Eingang

Blockaltäre

Raum
für ein Orakel

Raum mit
Torbaboden

linke
Seiten-
kammer,
Fensterstein

rechte
Seiten-
kammer,
Fensterstein

Haupteingang,
Orthostate

Liegender
Megalith

Hauptfassade

© MERIAN-Kartographie

◎ **MNAJDRA** ⭐8   🪂 **E 6**

500 m unterhalb des Tempelkomplexes von Hagar Qim liegen die unterschiedlich gut erhaltenen Reste dreier weiterer steinzeitlicher Tempel. Der älteste, nur schlecht erhaltene, wurde um 3500 v. Chr. gebaut, die beiden anderen um 3000 v. Chr. Auch hier erstaunt die Sorgfalt der Steinsetzungen. Im westlichen der drei Tempel ist das Mauerwerk teilweise bis zu 4,30 m Höhe erhalten. Die obersten Steinschichten überkragen einander, sodass man sich sogar die Form des Daches vorstellen kann. Das Punktdekor vieler Megalithen beeindruckt hier ebenso wie der gute Zustand der Fassade, von der noch die senkrecht stehenden Ortho-staten und darüber zwei Lagen wagerechter Steinplatten erhalten sind. Davor findet man einen Bankaltar, auf dem Opfergaben deponiert wurden und vor dem Eingang ein Anbindeloch für Opfertiere. Der Zugang zum Tempel erfolgt durch ein von Orthostaten und einer Deckplatte gebildetes Trilithon, in dem die Balkenlöcher zum Verschließen des Heiligtums gut zu erkennen sind. In der rechten Auslappung des ersten Raums beeindruckt das hier bis zu 4,30 m hoch aufragende Mauerwerk und ein schöner Fensterstein.

Mitte April–Mitte Okt. tgl. 9–19, Mitte Okt.–Mitte April 9–17 Uhr | Eintritt zusammen mit Hagar Qim 9 €

13 km südwestl. von Marsaxlokk

Im Fokus
Malta: perfekte Kulisse
für Hollywood & Co.

Orkane werden auf Malta auf Bestellung geliefert, Schiffsuntergänge sind eine Spezialität der maltesischen Filmindustrie. In ihren Studios haben schon Schauspieler wie Brad Pitt und Sharon Stone gearbeitet, Regisseure wie Wolfgang Petersen und Steven Spielberg Filme gedreht.

Hauptattraktion für die internationale Filmindustrie ist ein riesiges Wasserbecken bei Kalkara. 11 200 qm misst das künstliche Bassin, 122 m ist es lang und 92 m breit. Da kann man Schiffe von beträchtlicher Größe schwimmen lassen, ohne dass die Schauspieler-Crew in ernste Gefahr gerät, denn das Becken ist maximal zwei m tief.

Vor allem aber liegt es fast direkt am Meer. Wenn die Kameras korrekt justiert sind, verschmilzt die künstliche Wasserfläche mit der des Mittelmeers und schafft die Illusion von der unendlichen Weite des Ozeans. Technisch ist es bestens ausgestattet. Maschinen können Nebel und hohe Wellen erzeugen, Wasserkanonen das Deck überspülen, Winden auf dem Grund des Beckens das illusionäre Schiff in jede Schräglage kippen. Da müssen Regisseure und ihre Helfer manchmal Taucheranzüge tragen, können die Schauspieler gelegentlich nur noch angeleint agieren.

◄ Popeye-Village (▶ S. 111) aus Holzhäusern,
1979 für die Popeye-Verfilmung gebaut.

Zu den neuesten hier gedrehten Streifen gehört der Actionfilm »Kon-Ti-ki« aus dem Jahr 2012, eine deutsch-norwegisch-britische Gemeinschaftsproduktion von Espen Sandberg und Joachim Rönning mit Pal Sverre in der Hauptrolle. Da stand das maltesische Bassin für den Pazifik, den Thor Heyerdahl 1947 mit fünf Gefährten auf einem Floß aus Balsaholz durchquerte. 2006 sank im gleichen Becken das deutsche Segelschulschiff »Pamir« 49 Jahre nach der echten Katastrophe unter der Regie von Kaspar Heidelbach ein zweites Mal, trieben die Überlebenden filmreif in ihrem zerbrechenden Rettungsboot auf dem Atlantik nahe den Azoren.

TIEFWASSERBECKEN FÜR DIE TITANIC

Auch U-Boote wurden auf dem maltesischen Bassin schon gesichtet: 1998 wurden hier viele Szenen für den US-amerikanischen Film »U-571« gedreht, der die fiktive Geschichte eines als deutsches Unterseeboot getarnten amerikanischen U-Boots erzählt, dessen Besatzung eine deutsche Enigma-Verschlüsselungsmaschine erbeuten soll. Regie führte Jonathan Mostow, die Hauptrollen waren u.a. mit Thomas Kretschmann und Harvey Keitel besetzt.

Die Kundenliste der »Mediterranean Film Studios« ist lang. Ihren Ursprung bildeten die schon 1964 von Jim Hole und Paul Avellino gegründeten »Malta Film Facilities« mit dem großen Becken. 1979 kam für die Produktion des Films »The Raise of the Titanic« mit Alec Guinness und Jason Robards in den Hauptrollen ein Tiefwasserbecken mit 43,2 Mio. Liter Fassungsvermögen hinzu, 1996 auch noch ein Innenbecken. 1995 kaufte ein britisch-maltesisch-kanadisches Firmenkonsortium das Unternehmen, 1999 erwarb der deutsche Investor Jost Merten die Anteilsmehrheit. Im gleichen Jahr war Gérard Depardieu für die Dreharbeiten zum »Graf von Monte Christo« in den Studios. Der mythische »Kampf um Troja« lockte Filmemacher mehrfach auf die Insel. 2002 wurden hier viele Szenen für die amerikanische TV-Miniserie »Helen of Troy« gedreht. Ein Jahr später ließ Wolfgang Petersen hier Brad Pitt als Achilles, Orlando Bloom als Paris, Sean Bean als Odysseus und Julie Christie als Thetis agieren. 350 Arbeiter waren damals mit dem Aufbau der Troja-Kulisse beschäftigt, mehrere Dutzend maltesische Statisten wurden als Kämpfer engagiert. Zwei antike griechische Schiffe wurden extra für die Produktion auf einer maltesischen Werft erbaut. Das allein schon zeigt, dass die Filmindustrie für Malta auch ein wichtiger Wirtschaftsfaktor ist und zumindest zeitweise für Arbeitsplätze sorgt, denn außer Komparsen, Handwerkern und Technikern werden ja auch Fahrer, Caterer und zahlreiche Hilfskräfte mehr gebraucht. Insgesamt sind hier zeitweise bis zu 150 Malteser beschäftigt. Wenn nichts los ist, reichen aber auch gerade einmal zehn Mitarbeiter aus.

Neben Spielfilmen werden am und auf dem großen Bassin der Studios auch viele Werbefilme gedreht. Zu den namhaftesten Auftraggebern gehörten Volvo und Land Rover, Bacardi und Coca Cola. Für solche Drehs werden am Rand des Bassins auch schon einmal Strände aufgeschüttet und Palmen aufgestellt. Auch das Schiff mit den grünen Segeln schaukelte für Norddeutschlands bekannteste Biermarke als Modell auf hier erzeugten künstlichen Wellen.

GANZ MALTA ALS KULISSE

Die Studios bei Kalkara sind freilich nicht die einzige Verbindung Maltas mit dem internationalen Filmgeschäft. Zur Touristenattraktion wurde inzwischen das Popeye Village im Inselnorden. Regisseur Robert Altmann erschuf das künstliche Dorf 1979 als Piratennest Sweethaven. Es spielte eine zentrale Rolle in der Verfilmung des Comic-Erfolgs mit Robin Williams als Hauptdarsteller, dessen kräftigende Lieblingsspeise Spinat war. Heute sind Hamburger und Chips die Lieblingsspeise der Besucher, die in dem phantastischen Holzhäuser-Dorf ein paar Stunden verbringen.

Gleich sieben Jahre musste dem homerischen Epos nach der herumirrende Held Odysseus auf Gozo bei der Nymphe Calypso verbringen. Auch dieser Stoff wurde natürlich verfilmt – an »Originalschauplätzen« auf Maltas kleiner Schwesterinsel. Mit Armand Assante als Odysseus, Greta Scacchi als Penelope und Isabella Rosselini als Athene lief die US-TV-Miniserie »The Odywssej«, die 1997 als der teuerste Fernsehfilm aller Zeiten galt, auch im deutschen Fernsehen bei Pro Sieben.

Für Historienfilme ist Malta wohl ein besonders geeigneter Drehort. Er kann das nahe Rom ersetzen. So gab sich hier Jeremy Sisto als Gaius Iulius Caesar an der Seite von Heino Ferch und Christopher Walken 2001 die Ehre. Im gleichen Jahr erhielt »Der Gladiator« fünf Oscars und zwei Golden Globes. Auch dieser Film wurde teilweise auf Malta gedreht, unter Regisseur Ridley Scott spielten u.a. Russell Crowe und Oliver Reed. Letzterer starb sogar nach einem Trinkgelage während der Dreharbeiten. »The Pub« in Vallettas Archbishop Street, wo sich der 62-jährige sinnlos betrank, ist heute eine Touristenattraktion.

»Der Gladiator« spielte weltweit etwa eine halbe Milliarde Dollar ein. Zum Flop hingegen geriet ein anderer, im Jahr 2002 teilweise auf Malta gedrehter Film: »Stürmische Liebe – Swept away« von Regisseur Guy Ritchie. Er erhielt 2003 nicht nur die Goldene Himbeere als schlechtester Film des Jahres, sondern bescherte die gleiche Auszeichnung auch dem Popstar Madonna. Sie schlenderte darin durch die alten Gassen von Valletta und Vittoriosa und gönnte sich ein Bad in der Blue Lagoon auf dem Inselchen Comino.

Meist durfte Malta im Film leider nicht wirklich Malta sein. In der Verfilmung des Alexandre-Dumas-Romans »Monte Cristo« diente Vittoriosa als Marseille. Im TV-Film »Eichmann« mit Thomas Kretschmann in der Titelrolle wurde Valletta zu einer israelischen Stadt und eine Polizeistation in Hamrun zur Gefängniszelle des deutschen Massenmörders. In Steven Spielbergs Blockbuster »München«, der an 42 Schauplätzen auf Malta gedreht wurde, verwandelte sich der Platz vor dem Hotel Primera in Buggiba kurzerhand in eine Platia in Athen – nur dass Spielberg unbemerkt ein typisch maltesischer Bus durchs Bild fuhr.

Und in John Hustons legendärem Filmklassiker »Die Spur des Falken – The Maltese Falcon« aus dem Jahr 1941 schließlich spielt Malta überhaupt keine Rolle. Da jagt Humphrey Bogart einer über und über mit kostbaren Edelsteinen besetzten Vogelskulptur aus massivem Gold hinterher, mit der die Johanniterritter Kaiser Karl V. gegenüber ihren Dank für die anfangs von ihnen fast verschmähte Inselschenkung ausgedrückt haben sollen – obwohl der Kaiser, ganz bescheiden, nur einen lebenden Greifvogel jährlich als Inselmiete erwartete. Ob es diesen maltesischen Falken überhaupt je gegeben hat, steht freilich in den über Malta ja meist strahlenden Sternen.

MALTA FÜR CINEASTEN

Wer als Urlauber einige Filmschauplätze sehen, mehr darüber erfahren und zum Teil sogar die dort gedrehten Filmszenen vor Ort sehen will, findet bei »Touring Malta« den richtigen Ansprechpartner. Das kleine Reisebüro organisiert individuelle Touren (Tel. 21650486, www.touring malta.com).

Mediterranean Film Studios ⚓ G 5   Innenbesichtigung möglich, aber guter
Kalkara | Fort Ricasoli | St. Rocco   Blick über den Zaun hinweg
Street | www.mfsstudios.com | keine   8 km nordwestl. von Marsascala

SLIEMA UND DIE INSELMITTE

*In Maltas Mitte pulsiert das Leben, denn in Sliema und St. Julian's
ist die Auswahl an Hotels und Restaurants am größten,
und die Nächte sind besonders intensiv. Eher ruhig geht es dagegen
in der ehemaligen Inselhauptstadt Mdina zu.*

Die Zwillingsstadt Mdina und Rabat war bis zur Ankunft der Johanniterritter die Hauptstadt der Insel. Das von Mauern umgürtete **Mdina** mu-
tierte zur »Stillen Stadt«, in der Pferdekutschen das Hauptverkehrsmittel
sind. Im offen auf einem Plateau gelegenen **Rabat** pulsiert das ländliche
Leben Maltas, denn es ist von viel Grün umgeben. **Sliema** hingegen ist
heute das Wirtschaftszentrum der Insel und bildet zusammen mit seinen
Nachbarorten, in die es nahtlos übergeht, eine richtige Großstadt am
Meer. Entlang seiner kilometerlangen, schön gestalteten Uferpromenade
drängen sich die Hotels und Restaurants, in den Häusern dahinter leben
die meisten Malteser. Hier stehen auch die meisten Feriensprachschulen
der Insel und sorgen für viel junges Publikum. Diese Mischung macht
Sliema und seine Nachbarorte zu jeder Jahreszeit quicklebendig. Am
Abend übernehmen jedoch St. Julian's und Paceville das Zepter und sor-

◄ Wird auch die »Stille Stadt« genannt: Das weitgehend autofreie Mdina (▶ S. 97).

gen mit ihren vielen Musikclubs, Diskotheken und multinationalen Restaurants für ein Nightlife, wie es sonst wohl nur noch Ibiza und Mykonos und Ayia Napa auf Zypern im Mittelmeer bieten.

WILDE KÜSTE UND WALD

Den Kontrapunkt setzen die wilden **Dingli Cliffs** mit ihrer rauen Küstenszenerie und die **Buskett Gardens** als einziger maltesischer Wald. Von Maltas langer Geschichte zeugen die rätselhaften bronzezeitlichen Schienennetze der **Clapham Junction**, die ausgedehnten frühchristlichen Katakomben von Rabat und die romantischen Gassen von Mdina. Gebadet wird außer in den Pools der Hotels, die oft auf den Hoteldächern liegen, an der flachen Felsküste von Sliema, wo sich die Einheimischen am Wochenende zum Picknick treffen. Ganz ländlich gibt sich schließlich Mgarr, das Mekka der Kaninchenesser.

SLIEMA/ST. JULIAN'S 🚤 F/G 4

12 200 Einwohner
Stadtplan ▶ S. 91

Das Leben in Sliema konzentriert sich auf die lange Uferstraße, die von Gzira und Manoel Island im Süden bis an die **Balluta Bay** und nach St. Julian's führt. Bänke und teilweise auch junge Palmen säumen den sehr breiten, schön gestalteten Bürgersteig. Wo unterhalb der Straße auf den Küstenfelsen noch etwas Platz war, hat man kleine Parks mit Spazierwegen oder Sonnenterrassen angelegt. Einen Strand gibt es hier nicht, trotzdem kommen vor allem viele Einheimische hierher. Sie stellen mitgebrachte Stühle aufs Felsufer oder breiten ihre Handtücher auf den glattgeschliffenen Felsen aus und steigen

über Badeleitern ins Wasser. Das geschäftige Zentrum Sliemas befindet sich in Sliema Ferry, wo die Fähren hinüber nach Valletta und zudem viele Ausflugsboote ablegen. Die Hauptstraße überquert hier den Ansatz der Halbinsel, auf der das historische Tigne Fort und die moderne Shopping Mall Tigne Point stehen. Dann verläuft sie ein kurzes Stück am offenen Meer entlang, bis sie am St. Julian's Tower die Balluta Bay erreicht. Die Straße schlängelt sich um ihre vielen Ausbuchtungen herum, passiert in die Reihen von Wohn- und Geschäftshäusern eingestreute Hotels, Restaurants und Pubs. Schließlich kommt man an die St. Julian's Bay, auf der im Sommer Hunderte Boote schwimmen. Nur ein Ortsschild lässt erkennen, dass man jetzt in St. Julian's ist. Schließlich steigt die Straße zum Stadtteil Paceville mit der Portomaso Marina unterhalb des Hilton-Hotels an. Paceville besteht fast nur aus Hotels, Bars, Restaurants und Diskotheken und ist das Nightlife-Center Maltas schlechthin. Tagsüber wirkt es dagegen eher öde.

SEHENSWERTES

❶ Fort Manoel

An der Grenze zwischen den Gemeinden Sliema und Gzira führt ein kurzer Damm zum heute trostlos wirkenden Manoel Island hinüber, das nach dem gleichnamigen Großmeister des Ritterordens benannt ist. Er ließ das Fort an der Ostspitze des Inselchens als zusätzlichen Schutz für den Marsamxett-Hafen erbauen. Im Krisenfall konnte es mit 500 Mann besetzt werden. Vorher stand hier die Quarantänestation des Ritterordens. Im Ersten Weltkrieg dienten Teile des Forts als Quarantänestation, 1922/23 fanden hier zahlreiche griechische Flüchtlinge aus Smyrna in Kleinasien eine vorläufige Unterkunft, die nach dem missglückten griechischen Türkei-Feldzug aus dem heutigen Izmir vertrieben wurden. Direkt vor dem Fort hat der Royal Yacht Club of Malta seinen Sitz, wie überhaupt Manoel Island heutzutage von Jachtwerften und Überwinterungsplätzen für Jachten geprägt wird.

Keine Innenbesichtigung des Forts möglich

❷ Spinola Palace

Der Bau wurde im Jahr 1638 errichtet und diente als Sommerresidenz des Bischofs von Spinola. Teile der Kellerge-

wölbe beherbergen jetzt das gute Restaurant L-Ghonella, ansonsten ist eine Innenbesichtigung nicht möglich.

St. Julian's | Church Street

❸ St. Julian's Tower

Einer von vielen Wachttürmen der Johanniterritter an den Küsten Maltas. Er wurde unter Großmeister Martin de Redin um 1758 errichtet. Eine Innenbesichtigung ist nicht möglich.

Sliema | Tower Road

❹ Tigne Fort

Erst 1792/93 von den Johannitern als eines ihrer letzten Bauwerke in Auftrag gegebene Festung, die die Einfahrt in den Marsamxett-Hafen schützen sollte. Innenbesichtigung nicht möglich.

Sliema | Tigne Street

ÜBERNACHTEN

Corinthia Hotel St. George's Bay

▶ S. 91, westl. a 1

Ruhig und doch nah dran – Modernes, öko-zertifiziertes Luxushotel, ruhig am Meer und etwa 10 Gehminuten vom Vergnügungszentrum von Paceville. Großer Spa-Bereich, Wassersportzentrum und Tauchstation, Vermietung von Speed-Boats und Jachten, zwei Bars und vier Restaurants.

St. Julian's | St. George's Bay | Tel. 21 37 41 14 | www.corinthia.com | 250 Zimmer | €€€€

❺ Fortina Spa Resort

In Europa einmalig – Ein ganz auf Wellness abgestelltes Luxushotel mit besonders großem Spa-Bereich, auf Wellness-Gäste abgestimmten Restaurants und sogar Wellness-Suiten mit privatem Spa-Bereich und Pool. Der

Sliema/St. Julian's

Fünf-Sterne-Bereich des Hotels ist ausschließlich erwachsenen Gästen vorbehalten.
Sliema | Tigne Seafront | Tel. 23 46 00 00 | www.hotelfortina.com | 350 Zimmer | ♿ | €€€€

6 Hilton

An der Marina – Im Jahr 2001 völlig neu erbautes Hotel mit 406 Zimmern, hoch über dem mondänsten Jachthafen der Insel am Rand des Vergnügungsviertels Paceville gelegen. Eigenes Wellnesszentrum und eigene Wassersportstation. Besonders großzügige Poollandschaft mit vier Pools auf einer Terrasse mit weitem Meerblick. Öko-zertifiziert.
St. Julian's | Portomaso | Tel. 21 38 33 83 | www.hilton.de/malta | ♿ | €€€€

7 Hostel Malti ⚑

Traveller-Treff – Am unteren Ende der Preisskala entstehen auf Malta zunehmend kleine Hostels in alten Stadthäusern, in denen besonderer Wert darauf gelegt wird, dass sich die Traveller untereinander kennenlernen können. Vorreiter ist dabei das Hostel Malti mit einer großen Dachterrasse, auf der gemeinsam gegrillt werden kann, sowie einer Open-Air-Gemeinschaftsküche. Vier Dormitories ohne Geschlechtertrennung mit wahlweise 6 oder 12 Betten stehen zur Verfügung.
St. Julian's | Ta Giorni, Birkirkara Hill 15 | Tel. 27 30 27 58 | www.hostelmalti.com | €

8 Preluna

Sehr zentral – Öko-zertifiziertes Hotelhochhaus im Touristenzentrum von

Abendrot über dem Meer an der Balluta Bay (▶ S. 89). Direkt an der Uferstraße zwischen Sliema und St. Julian's erhebt sich die neogotische Kirche »Our Lady of Mount Carmel«.

Sliema direkt an der Uferstraße. Hauseigenes Badeplateau mit Meerwasser-Pool, kleiner Wellnessbereich mit Innenpool.

Sliema | 124 Tower Road | Tel. 21 33 40 01 | www.preluna-hotel.com | 282 Zimmer | €€€

9 Tropicana

Mitten im Nachtleben – Modernes, sehr preisgünstiges Hotel im Unterhaltungszentrum von St. Julian's in lautstarker Umgebung. Für Leute gut geeignet, die Unterhaltung suchen. Das Hotelrestaurant ist der Lage entsprechend rund um die Uhr geöffnet. Es gibt auch Drei- und Vierbettzimmer.

St. Julian's | Ball Street | Tel. 21 35 96 94 | www.tropicana.com.mt | 60 Zimmer | €

Westin Dragonara Resort ▶ S. 25

ESSEN UND TRINKEN

10 Barracuda

Fantastischer Ausblick – Schön gelegenes, stilvolles Restaurant in einer Villa aus dem 18. Jh. mit Terrasse über der Baluta Bay. Italienisch orientierte Küche. Im Winter kann man auch am offenen Kamin sitzen. Reservierung erbeten.

St. Julian's | Main Street 194 | Tel. 21 33 18 17 | tgl. ab 19 Uhr, im Sommer auch So 12–14.30 Uhr | €€€

11 Dolce Vita ▶ S. 28

12 Fortizza

Ausgefallen – Das Beste an diesem Restaurant ist die Lage seiner großen Terrasse auf der Seeseite der gleichnamigen Festung auf dem zentralen Teil der Uferpromenade von Sliema. Das Essen ist ordentlich, der Service schnell und freundlich – und wer etwas Besonderes sucht, wird auf der Karte fündig. Da werden neben allem Gängigen auch Kängurufilet und Wildschwein, griechischer Salat und Spaghetti mit Hühnchenleber angeboten.

Sliema | Tower Road | Tel. 27 20 44 99 | www.fortizzamalta.com | tgl. ab 11 Uhr | €€

Grill 3301 🚩 F 4

Maltas bedeutendste Auszeichnung für Restaurants sind die WRMC Malta Restaurant Awards. Zu den mit dem »Silbernen Löffel« ausgezeichneten Preisträgern gehörte 2014 das Grill-Restaurant 3301 im Hotel Corinthia San Gorg, weil es Grillen und Barbecue als Kunst zelebriert. Lachs, Tunfisch und Langusten sind hier ebenso in meisterlichen Händen wie Steaks vom Aberdeen Anus-, USDA- oder Wagyu Kobe-Rind. Wer weniger ausgeben will, ordert schottische Lammkoteletts, Barbarie-Entenbrust oder Schweinebauch. Den Meerblick dazu gibt es stets kostenlos.

St. Julian's | St Georg's Bay | Tel. 23 70 00 00 | www.corinthia.com | Mo–Sa 19–23, So 12.30–14.30 Uhr | €€€

13 Il-Merill ▶ S. 28

14 L'Ghonnella

Abwechslungsreich – Im Garten und in den Gewölbekellern des historischen Spinola Palace betreibt Familie Gauci seit dem Jahr 1986 dieses Restaurant, dass neben Fisch und internationaler Küche auch eine Reihe maltesischer Spezialitäten auf der Karte führt. Darunter befinden sich auch Schnecken und Pferdefleisch.

Spinola Palace | St. Julian's | Tel. 21 35 10 27 | www.ghonnella.com | Mo–Sa ab 18.30 Uhr | €€€

⑮ The Kitchen

En vogue – Preisgekrönte kreativ-mediterrane Küche in minimalistischem Ambiente. Kleine Karte, aber auch vegetarische Menüs.

Sliema | Tower Road 210 | Tel. 21 31 11 12 | tgl. 19–23, Mi–So auch 12.30–14.15 Uhr, Mitte Jan.–Mitte Feb. und im Aug. geschl. | €€€€

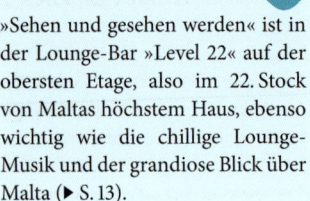

Portomaso Tower ◤ 3

»Sehen und gesehen werden« ist in der Lounge-Bar »Level 22« auf der obersten Etage, also im 22. Stock von Maltas höchstem Haus, ebenso wichtig wie die chillige Lounge-Musik und der grandiose Blick über Malta (▶ S. 13).

⑯ Ta' Kolina

Klassiker der maltesischen Küche – Familiäres Restaurant, in dem immer schon die maltesische Küche im Vordergrund stand. Die Kaninchengerichte und die maltesische Rouladen sind einfach köstlich.

Sliema | 151, Tower Road | Tel. 21 33 51 06 | tgl. 19–22.30 Uhr | €€

⑰ The Villa Brasserie ▶ S. 29

⑱ Wigi's

Italienisch-maltesische Küche – Ewas versteckt im Obergeschoss eines Hauses liegt dieses Restaurant. Geboten wird eine kleine, täglich wechselnde Karte, auch gute Steaks.

St. Julian's | Gorg Borg Olivier Street/Main Street | Tel. 21 37 75 04 | Di–So 12.30–14.45, Di–Sa auch 19.30–22.45 Uhr | €€€

⑲ Zen

Echt japanisch – Maltas erstes und renommiertestes japanisches Restaurant am Jachthafen von Portomaso. Das Design der Räume ist ebenso authentisch wie Koch und Küche.

St. Julian's | Portomaso | Tel. 21 38 65 00 | Di–So 19–23 Uhr | €€€€

EINKAUFEN

EINKAUFSZENTREN

⑳ Bay Street

Das Besondere an dieser dreistöckigen Shoppingmall sind ihre ausgedehnten Öffnungszeiten. Sogar sonntags kann man hier sein Geld in zahlreichen Geschäften loswerden. Mehrmals jährlich finden hier auch Modeschauen statt, vor allem an Wochenenden verwandelt sich der Haupteingang abends in eine Bühne für maltesische Straßenmusikanten.

Paceville | Bay Street | www.baystreet.com.mt | tgl. 10–22 Uhr

㉑ The Plaza Shopping Centre

Die zentral gelegene, kleine Shoppingmall mit etwa 30 Geschäften ist das Haupteinkaufszentrum von Sliema. Kleine Cafés sorgen für Abwechslung und die nötigen Ruhepausen.

Sliema | Bisazza Street | www.plaza-shopping.com | Sommer Mo–Sa 9–19.30, Advent 9.30–20, sonst 9–19 Uhr

㉒ The Point ▶ S. 37

KULTUR UND UNTERHALTUNG

CLUBS

Havana ▶ S. 91, westl. a 1

Dieser Club bietet Platz für 3000 Tänzer. Über zwei Etagen verteilen sich sechs Bars sowie die Tanzflächen. Spezialisiert auf Soulmusik, R&B und karibische Klänge.

Paceville | St. George's Road 82 | Tel. 21 37 45 00 | tgl. 9.30–16 Uhr | Eintritt frei

㉓ Klozet

Maltas populärster Gay Club wird auch von Heteros geschätzt. Er füllt sich meist erst nach Mitternacht. Oft finden Themenparties statt, die durch Aushang an den Türen bekannt gegeben werden.

Paceville | Ball Street | Tel. 79 32 43 33 | Fr/Sa ab 22 Uhr | Eintritt frei

㉔ Smooth Jazz Inc.

Malta für Jazz-Fans, häufig Livekonzerte. Beheizbarer Innenhof, in dem geraucht werden darf, insgesamt nur Platz für 70 Gäste.

Paceville | Church Street 5A | Tel. 21 37 02 52 | www.jazzmalta.com | Di–Sa 20–4 Uhr | Eintritt frei

KASINO

㉕ Dragonara Palace

Allabendlich lädt Maltas ältestes Spielkasino zum Glücksspiel ein. Roulette und Bakkarat, Black Jack und Chemin de Fer werden allerdings durch einarmige Banditen stark in den Hintergrund gedrängt. Innen besitzt das Kasino daher längst nicht mehr das Flair, das es von außen verspricht.

Paceville | Tel. 21 38 23 62 | www. dragonara.com | tgl. 10–6 Uhr | Eintritt frei

KINO

㉖ Eden Century Cinema Complex

16 topmoderne Kinos zeigen Filme in Originalsprache, zum Teil auch in 3D. In Kino 11 werden häufig auch Opern- und Theateraufführungen aus aller Welt live übertragen. Zum Kino gehört auch ein eigener Comedy Club.

Paceville | St. Augustine Road | Tel. 21 37 64 04 (Programmansage auf Englisch) | www.edencinemas.com.mt | Vorstellungsbeginn 14–23.40 Uhr | Eintritt 8–9 €, Comedy Nights 20 €

SERVICE

BOOTSAUSFLÜGE UND HAFENRUNDFAHRTEN

Sliema Ferry ist Ausgangspunkt für verschiedene Bootsausflüge, z. B. für die Grand Harbour Cruise und für Inselrundfahrten mit Ausflugsdampfern (Tel. 21 34 33 73, www.captainmorgan. com.mt). Eine Inselumrundung ist auch mit einem Segel-Katamaran möglich (Tel. 21 37 38 21, www.daycruise malta.com).

Ziele in der Umgebung

◎ **ATTARD** 🏴 F 5
9500 Einwohner

Die Gemeinde Attard liegt am Rande des städtischen Malta. Dort steht der 1623 bis 1626 erbaute San Anton Palace, früher Sitz der britischen Gouverneure und heute offizielle Residenz des maltesischen Staatspräsidenten. Der Palast ist für die Öffentlichkeit nicht zugänglich, aber die zu ihm gehörigen San Anton Gardens sind ein beliebtes Ausflugsziel. Der Park ist täglich von Sonnenaufgang bis -untergang für Besucher geöffnet.

9 km südwestl. von Sliema

◎ BIRKIRKARA   ⚑ F 4
22 000 Einwohner

Ein Bummel durch die Gemeinde Bir-
kirkara lohnt wegen der alten Häuser
mit ihren schönen Erkern.

7 km südwestl. von Sliema

◎ MEDITERRANEAN MARINE PARK
⚑ F 4

Die Shows in diesem Park sind unter
Tierfreunden nicht ganz unumstritten.
Die Parkverwaltung hingegen betont,
man betreue das Programm auch wis-
senschaftlich, und hält es für völlig un-
bedenklich. Delfine und Seelöwen zeigen hier mehrmals täglich ihre
einstudierten Kunststücke. Eine be-
schränkte Anzahl von Besuchern darf
nach Voranmeldung auch selbst mit
den Tieren in Interaktion treten. Unumstritten ist der therapeutische Nutzen des Programms, bei dem Kinder
oder Erwachsene mit den Delfinen in
deren Becken schwimmen können.
Trotz des hohen Preises ist es immer
gut gebucht, eine rechtzeitige Anmel-
dung empfiehlt sich. Neben diesen beiden Hauptattraktionen präsentiert der
Park auch eine Papageienshow und
stellt in Terrarien Reptilien aus.

Bahar ic-Caghaq | an der Küstenstraße |
Tel. 21 37 22 18 | www.mediterraneopark.
com | Shows tgl. 10.15–16.30 Uhr, Okt.–
Mitte Feb. nur 11, 12 und 13 Uhr, Eintritt
15,90 €, 30 Min. Schwimmen mit Delfinen
je nach Saison 99–125 €, 15 Min. Interaktion mit Delfinen 45–65 €, mit Seelöwen
30–45 € (Eintritt jeweils inklusive).

◎ MOSTA   ⚑ E 4
18 700 Einwohner

Die Pfarrkirche (1833–1860) des kleinen Städtchens Mosta wird nahezu

vollständig von einer 60 m hohen Kuppel überspannt, deren Innendurchmes-
ser 36 m beträgt. Ein eher ungewöhnli-
ches Ausstellungsstück ist die deutsche
Fliegerbombe, die durch die zentrale
Öffnung der Kuppel in das Gotteshaus
einschlug, ohne zu explodieren.

Tgl. 9–11.45 und 15–17 Uhr

9 km westl. von Sliema

ESSEN UND TRINKEN
Ta' Marija ▶ S. 29

◎ SANTA VENERA   ⚑ F 5
6300 Einwohner

Entlang der Hauptstraße nach Attard
befindet sich ein gut erhaltener Aquädukt. Er wurde zu Beginn des 17. Jh.
von Großmeister Adolf de Wignacourt
in Auftrag gegeben und führte Trink-
wasser, das aus einer Quelle bei Dingli
unterirdisch bis Attard geleitet wurde,
durch Tonröhren bis zum Fort St. Elmo
in Valletta.

5 km südwestl. von Sliema

MDINA/RABAT   ⚑ E 5
258/11 500 Einwohner
Stadtplan ▶ S. 97

Die Perle unter Maltas Städten, das
noch immer von mittelalterlichen
Mauern umgürtete Mdina, liegt weit-
hin sichtbar in der Mitte der Insel.
Kommt man näher, erkennt man, dass
Mdina auf der Felsnase eines Hochpla-
teaus errichtet wurde, das hier auf drei
Seiten steil genug abfällt, um zusätzlich
zu den Mauern Schutz vor Angreifern
bieten zu können. Auf der Nahtstelle
zum Plateau grünt ein kleiner Park.
Auf dem Plateau selbst liegt weitläufig
Rabat, der neuere Teil der historischen
Inselhauptstadt.

Mdina

a *Mosta*

1

Bastion
Square

9 St. Agatha

Esplanade

Palazzo Falson
Historic House

Carmel St.

4

Bastion St.

10

Palazzo
Costanzo

Carmelite Church,
Priory Museum

St. Roque

St. Roque St.

De Redin
Bastion

St. Peter St.

2

St. Sophia St.

11

Villegaignon St.

St. Paul's
Square

1 Cathedral
of St. Peter
and St. Paul

Archbishop's
Palace

Mtarfa

Holy
Cross

Archbishop
Square

St. Nicholas St.

Gatto Murina St.

Banca
Giuratale

5 Cathedral
Museum

Chapel of
St. Nicholas

7 Mdina
Experience

Mesquita Sq.

Palazzo
Gatto Murina,
Tales of the
Silent City

St. Paul's St.

3

Greek
Gate

Mesquita

Inguanez St.

Pallazzo
Inguanez

Street

Convent of
St. Benedict

St. Peter

St. Agatha's
Chapel

3

2
Domus
Romana

Howard

Museum Road

3
Main Gate

St.
Publius
Sq.

Corte
Capitanale

6
Mdina
Dungeon

8
Vilhena Palace
(Museum of
Natural History)

St. Augustine Ave.

4

Gardens

P

Rabat, St. Paul's,
St. Agatha Catacombs   Valletta

b

0   90 m

© MERIAN-Kartographie

N

Der Ort Mdina wirkt wie ein großes Freilichtmuseum, obwohl in seinen Mauern noch fast 300 Menschen leben. Aber der Ort ist nahezu autofrei und daher für maltesische Verhältnisse so ruhig, dass man Mdina auch »die Stille Stadt« nennt. Seine Bauten – überwiegend Kirchen, Klöster und Paläste des maltesischen Adels – stammen aus dem 17. Jh. und früherer Zeit. In einigen von ihnen laden jetzt stimmungsvolle Restaurants zum Verweilen ein, eines dient sogar als romantisches Hotel. Es gibt ein paar Souvenirgeschäfte und mehrere Multimediashows. Die Sehenswürdigkeiten innerhalb der Stadtmauern sind binnen einer Stunde besichtigt, die Atmosphäre jedoch kann man stundenlang genießen. Und das nicht nur tagsüber, sondern auch abends, wenn kaum noch ein Fremder durch die Gassen Mdinas geht.

alte Stadt Melite (handwritten annotation)

Ganz anders sieht es da in Rabat aus. Das quirlige Landstädtchen mit seinen nahezu 11 500 Einwohnern besitzt eine Vielzahl von Bars und einfachen Restaurants, Geschäfte für den Bedarf der Bevölkerung und Souvenirshops für die Touristen. Die Sehenswürdigkeiten des Ortes liegen fast alle unterirdisch, denn Rabat ist überwiegend über dem Friedhof der römischen Inselhauptstadt mit seinen Katakomben erbaut.

Besiedelt war das Gebiet von Mdina und Rabat schon seit dem 2. Jahrtausend v. Chr. Die Römer machten den Ort dann zu ihrer Hauptstadt und nannten ihn Melita. Er erstreckte sich über die Grenzen des heutigen Mdina bis ins heutige Rabat hinein. Die Araber haben später die Grenzen des heutigen Mdina festgelegt. Die Normannen bauten deren Stadtmauern um und ließen neue, kleine Paläste errichten, von denen noch heute Teile zu sehen sind.

Als die Johanniter 1530 nach Malta kamen, richteten sie sich zunächst für zwei Jahre in Mdina provisorisch ein. Während der großen Belagerung durch die Türken im Jahr 1565 spielte Mdina für die Ritter eine wichtige Rolle. Da die Türken versäumt hatten, das ihnen unwichtig erscheinende Städtchen sofort zu erobern, entwickelte es sich zu einer wertvollen Nachschubbasis für die Ritter. Mit dem Bau Vallettas verlagerte sich das politische und wirtschaftliche Zentrum dorthin. Rabat hingegen entwickelte sich vor allem im 19. Jh. zu einer wichtigen Wohnstadt, die sogar durch eine Eisenbahnlinie mit Valletta verbunden war. Heute ist Rabat ein wichtiger Markt für das landwirtschaftlich geprägte Hinterland.

SEHENSWERTES

1 Cathedral of St. Peter and St. Paul

Die Peter und Paul geweihte Kathedrale ist ein Werk des maltesischen Architekten Lorenzo Gafà. Sie entstand zwischen 1697 und 1702; die Kuppel musste nach dem Zweiten Weltkrieg neu errichtet werden. Deckenmalereien der sizilianischen Künstler Vincenzo und Antonio Manno zeigen Szenen aus dem Leben der beiden Apostel, die Apsis schmücken Malereien von Mattia Preti. Der Boden der Kathedrale ist mit ähnlich schönen farbigen Grabplatten wie die Johannes-Kathedrale von Valletta bedeckt: Nur sind hier nicht Ritter, sondern der maltesische einheimische Adel bestattet.

Mdina | St. Paul's Square | Mo–Fr 9.30–16.30, Sa 9.30–15.30 Uhr | Eintritt frei

2 Domus Romana

Zwischen Mdina und Rabat liegt gegenüber dem »Greek Gate« die Ausgrabung eines römischen Stadthauses aus dem 1. Jh. n. Chr. Diese »Domus romana« ist Museum und archäologische Stätte zugleich. Ein deutschsprachiger Führer liegt kostenlos bereit, sodass man Ausgrabungsfunde, Mosaike und Bodenbefunde ausführlich erklärt bekommt.

Rabat | Museum Esplanade | tgl. 9–17 Uhr | Eintritt 6 €

3 Main Gate

Am Ende der Brücke über den alten Festungsgraben von Mdina kommt der Besucher durch ein eindrucksvolles Stadttor. Der Großmeister des Malteserordens, Manoel de Vilhena (1722–1736), ließ es erbauen.

④ Palazzo Falson Historic House Museum

In einem der ältesten Häuser Mdinas, auch als »Normannisches Haus« bekannt, wird eine umfangreiche Antiquitätensammlung, bestehend aus Orientteppichen, Silber und antiken Möbeln, gezeigt.

Mdina | Villegaignon Street | Di–So 10–16 Uhr | Eintritt 10 € (inkl. Audio-Guide)

St. Agatha Catacombs ⚑ E5

Diese Katakomben werden im Rahmen organisierter Tagesausflüge nur selten besucht, obwohl sie mit Abstand die interessantesten der Insel sind. Dort sind nämlich noch recht gut erhaltene Wandmalereien aus römischer und frühchristlicher Zeit sowie 1989 restaurierte mittelalterliche Wandmalereien zu sehen. Stufen führen hinab in eine Höhlenkapelle. Hier hielt sich in der Mitte des 3. Jh. für einige Zeit die hl. Agatha verborgen, um den Nachstellungen eines hohen römischen Beamten aus ihrer Heimatstadt Catania zu entgehen, der sie unbedingt heiraten wollte. Sie aber fühlte sich Christus vermählt. Schließlich kehrte sie doch nach Catania zurück, wo ihr verschmähter Liebhaber ihr sofort die Brüste abschneiden und sie schließlich im Kerker sterben ließ. Die Höhlenkapelle ist mit drei Fresken aus dem 12. Jh. geschmückt, die zu den ältesten christlichen Malereien der Insel gehören. Eine zeigt den Apostel Paulus, eine andere Maria und eine dritte, besonders schöne, die ihr Kind stillende Gottesmutter – wieder ein bedeutendes Beispiel für den italo-byzantinischen Stil. Die übrigen Fresken in der Kapelle

Überwiegend Porträts, Keramiken, Münzen, liturgische Gewänder und historische Möbelstücke zeigt das Wignacourt-Museum (▶ S. 101) in Rabat, einst Wohnstätte der Malteserritter.

stammen aus dem 15. Jh. und stellen überwiegend die hl. Agatha dar. Sie wird fast immer mit dem Symbol ihres Martyriums abgebildet: Sie trägt auf einer Schale eine oder zwei stilisierte Brüste.

Rabat | Mo–Fr 9–16.30, Sa 9–12.30 Uhr, Führungen etwa halbstündl. | Eintritt 3,50 €

St. Paul's   E 5

Die Pfarrkirche von Rabat ist über einer Grotte erbaut, in der Paulus einer Legende nach während seines angeblich dreimonatigen Malta-Aufenthalts gelebt haben soll. Den Gläubigen ist sie eine wichtige Wallfahrtsstätte. Die Grotte ist nicht von der Kirche aus, sondern nur über das ▶ Wignacourt-Museum, S. 101 zu erreichen.

Rabat | Pjazza Tal-Parocca

St. Paul's Catacombs   E 5

Die größte unterirdische Grabanlage Rabats wirkt wie ein Labyrinth. Von einer großen, aus dem Fels gehauenen Halle aus führen zahlreiche Gänge an unzähligen Grabkammern im Boden und in den Wänden vorbei. Sie waren die letzte Ruhestätte des »Durchschnittsvolkes«. Einige besonders wohlhabende Familien ließen für Tote aber auch Baldachingräber errichten, die aus einem ausgehöhlten Felsblock bestehen, dessen Oberteil durch sehr schöne Bögen gegliedert ist. Noch prunkvoller wirken die Satteldachgräber. Eine Besonderheit sind die steinernen Agape-Tische, an denen sich die Angehörigen von Toten zu sogenannten Liebesmählern versammelten.

Rabat | Triq Sant'Agata | tgl. 9–17 Uhr | Eintritt 5 €

MUSEEN UND GALERIEN

Aviation Museum   E 5

Das kleine, unterhalb von Mdina im Kunsthandwerkszentrum Ta'Qali gelegene Museum zeigt restaurierte Flugzeuge aus dem Zweiten Weltkrieg, viele Fotos und als besondere Rarität eine Frühform des Flugsimulators fürs Pilotentraining, einen sogenannten Link-Trainer.

Ta'Qali | Hut 16/2 | www.maltaviation museum.com | Mo–Sa 9–17, So 9–13 Uhr | Eintritt 5 €

⑤ Mdina Cathedral Museum

Das Museum in einem Barockbau aus dem späten 18. Jh. besitzt eine reichhaltige Sammlung von Kupferstichen und Holzschnitten Albrecht Dürers. Zu den ältesten Schätzen des Museums zählen ein Bibelmanuskript auf Pergament aus dem 12. Jh., fünf illustrierte Psalter aus dem 16. Jh. und ein byzantinisches Hagethekion, das einst in der Kapelle einer Ordensgaleere stand.

Mdina | Archbishop Square | Mo–Fr 9–16.30 Uhr | Eintritt 2,50 €

⑥ Mdina Dungeon

In den Kellerräumen des Vilhena Palastes werden mit Puppen und Kulissen aus Glasfiber Foltermethoden und andere Grausamkeiten aus Maltas Geschichte dargestellt.

Mdina | St. Publius Square | tgl. 9.30–16 Uhr | Eintritt 4 €

⑦ Mdina Experience

Multivisionsschau zur Stadtgeschichte in einem Stadthaus aus dem 14. Jh.

Mdina | Mesquita Square | www.the mdinaexperience.com | Mo–Fr 10.30–16, Sa 10.30–15 Uhr | Eintritt 4 €

8 Museum of Natural History

Die Ausstellung in einem von Großmeister de Vilhena finanzierten Adelspalast aus dem 18. Jh. erklärt keineswegs die Naturgeschichte Maltas, sondern präsentiert auf sehr altmodische Weise Objekte aus aller Welt.

Mdina | Vilhena Square | tgl. 9–17 Uhr | Eintritt 5 €

St. Agatha Museum E 5

Das kleine Museum zu den gleichnamigen Katakomben besitzt eine bunte Sammlung von Funden aus römischen und frühchristlichen Gräbern, darunter auch mumifizierte Krokodile und Vögel sowie kleine Statuen ägyptischer Totengottheiten.

Rabat | Triq Sant'Agata | Mo–Fr 9–12 und 13–17, Sa 9–13 Uhr

> **Kutschfahrten in Mdina** 4
>
> Wer eine Kutschfahrt durch Mdina unternimmt, kann während der 30-minütigen Rundfahrt die noble Stadt des maltesischen Adels wie einer von ihnen wahrnehmen. Am schönsten ist dafür die Zeit der Dämmerung (▶ S. 13).

Wignacourt-Museum E 5

Interessanter als die Ausstellung des Museums ist seine »Unterwelt«. Vom Kassenraum des Museums aus führen Stufen hinunter in die Grotte unterhalb der Pauluskirche, in der der Apostel Paulus einige Zeit lang gelebt haben soll, sowie in ein ausgedehntes frühchristliches Katakombensystem, das im Zweiten Weltkrieg auch als Luftschutzbunker genutzt wurde.

Rabat | College Street/Parish Square | Tel. 27 49 49 05 | www.wignacourt museum.com | tgl. 9.30–17 Uhr | Eintritt 5 €

ÜBERNACHTEN

Point de Vue E 5

Aussichtsreich – Die einfache Pension bewirtet schon seit 1898 Gäste. Alle Zimmer haben Dusche/WC, zum Teil mit Panoramablick.

Rabat | 5 Saqqajja Square | Tel. 21 45 41 17 | www.pointdevuemalta.com | 13 Zimmer | €

ESSEN UND TRINKEN

9 Ciappetti

Oase der Ruhe – Romantisches Restaurant in einem mittelalterlichen Haus. Garten und Panorama-Terrasse auf der Stadtmauer. Internationale und maltesische Küche.

Mdina | 5 St. Agatha's Esplanade | Tel. 21 45 99 87 | www.ciappetti.com | Di–So 12–15, Di–Sa auch 19–22 Uhr | €€€

10 Fontanella Tea Gardens

Einer der schönsten Aussichtspunkte der Insel sind die Fontanella Tea Gardens auf der Stadtmauer von Mdina. Zum Panoramablick werden maltesische Kuchen und Gebäck serviert.

Mdina | 1 Bastion Street | Tel. 21 45 42 64 | im Sommer tgl. 10–23, im Winter Mo–Fr 10–18, Sa, So 10–22 Uhr | €

11 Medina

Palastatmosphäre – Wohltuend sind die kühlen Räume dieses alten Palastes; empfehlenswerte internationale Küche.

Mdina | 7, Holy Cross Street | Tel. 21 45 40 04 | www.medinarestaurantmalta. com | Mo–Sa 19–23 Uhr | €€€

EINKAUFEN

KUNSTHANDWERK

Ta' Qali   E 5

Unterhalb von Mdina hat sich auf einem alten britischen Militärflugplatz in Hangars und ehemaligen Kasernengebäuden das maltesische Kunsthandwerkszentrum Ta'Qali Crafts Centre angesiedelt. Hier arbeiten Glasbläser und Juweliere, Töpfer und Steinmetze, Weber und Schmiede, Maler und Holzschnitzer. Was sie herstellen, kann man an Ort und Stelle kaufen.

An der Straße von Mdina/Rabat nach Attard | Mo–Fr 8–16, Sa 8–12 Uhr

KULTUR UND UNTERHALTUNG

Ein abendlicher Bummel durch das dann ganz stille Mdina ist sehr stimmungsvoll, ein Nachtleben gibt es allerdings nicht. Das spielt sich – ausschließlich im Hochsommer – außerhalb der Mauern in zwei sehr großen Open-Air-Clubs ab, die fast nur von einheimischem Publikum besucht werden.

Gianpula   E 5

Der Club rund um ein altes Bauernhaus besteht schon seit über 30 Jahren und hat Live-Auftritte u. a. von Boy George und Rui da Silva gesehen.

Rabat | Tel. 99 47 21 33 | www.gianpula. com | Fr/Sa 22.30–4 Uhr | Eintritt 6–15 €

Numero Uno   E 5

Maltesische DJ's und Gast-DJ's vor allem aus dem Vereinigten Königreich bringen hier an jedem Sommerwochenende Tausende Tanzwütige in Hochstimmung.

Rabat | Ta'Qali | Tel. 21 41 52 41 | www. clubnumerouno.com | Juni–Sept. Fr/Sa 23–4 Uhr, Eintritt 5–10 €

SERVICE

Tourist-Information

Mdina | Torre dello Standardo | St. Publius Square | Tel. 21 45 44 80 | Mo–Fr 9–16.45, Sa/So 10–16 Uhr

Ziele in der Umgebung

◎ BUSKETT GARDENS   E 5

Boschetto nennen die Malteser diesen grünen Hain unterhalb des 1586 erbauten Verdala Palastes. Die Johanniter nutzten das Wäldchen als Jagdgrund, den Einheimischen dient es heute als kühle Sommerfrische an heißen Tagen.

2 km südl. von Mdina

◎ CLAPHAM JUNCTION   E 5

Karrenspuren aus der Bronzezeit sind auf Malta an vielen Stellen entdeckt worden. Am deutlichsten sieht man sie an der Clapham Junction unweit der Buskett Gardens.

4 km südwestl. von Mdina

◎ DINGLI   D/E 5

2900 Einwohner

Der Ort liegt nur 240 m über dem Meeresspiegel und ist damit dennoch Maltas höchst gelegenes Dorf. Von hier aus führt ein schöner Spaziergang zu den Dingli Cliffs, der über die Clapham Junction bis zu den Buskett Gardens ausgedehnt werden kann.

5 km südwestl. von Mdina

◎ DINGLI CLIFFS   D/E 5

Die bis zu 253 m hohen Dingli Cliffs sind wohl Maltas eindrucksvollste Naturlandschaft. Stellenweise fallen sie steil unmittelbar ins Meer ab; auf weite Strecken werden sie aber auch von einer Terrasse durchzogen, auf der Landwirtschaft betrieben wird. Die Wege dort hinunter sind in Privatbesitz und daher leider kein Wanderrevier.

◎ INQUISITOR'S PALACE ✦ E 5

An der Straße von Siggiewi zu den Dingli Cliffs liegt weithin gut sichtbar am Hang der 1625 bis 1627 erbaute Sommerpalast des Inquisitors, der auf Malta im 17. und 18. Jh. die Interessen des Papstes gegenüber dem Ritterorden vertrat. Von Hexenverfolgungen der Inquisition ist auf Malta nichts bekannt.

Keine Innenbesichtigung möglich
5 km südl. von Mdina

◎ LIMESTONE HERITAGE ✦ F 5

In einem ehemaligen Steinbruch wird gezeigt, wie der Stein, aus dem fast alle Häuser Maltas gebaut sind, in den letzten 100 Jahren gewonnen wurde.

Siggiewi | Triq Mons. M. Azzopardi | Tel. 21 46 49 31 | www.limestoneheritage. com | Mo–Fr 9–16, Sa 9–12 Uhr | Eintritt 7 €

◎ MGARR ✦ D 4

2800 Einwohner

Archäologisch besonders Interessierte können in diesem Dorf einen Blick über die Einzäunung auf die Reste der frühen Tempelanlage Ta' Hagrat aus dem 4. Jahrtausend werfen, die nur schlecht erhalten ist. Sie liegt 150 m unterhalb der Pfarrkirche Mariä Himmelfahrt an einer kurzen Stichstraße (beschildert).

Di 9.30–11 Uhr | Eintritt frei
8 km nördl. von Mdina

ESSEN UND TRINKEN

Il-Barri ▶ S. 28

Der höchste Punkt Maltas sind die Dingli Cliffs (▶ S. 102), weshalb hier auch eine Radaranlage steht. Wandern ist nicht möglich, dafür aber ein Spaziergang auf der Klippenstraße.

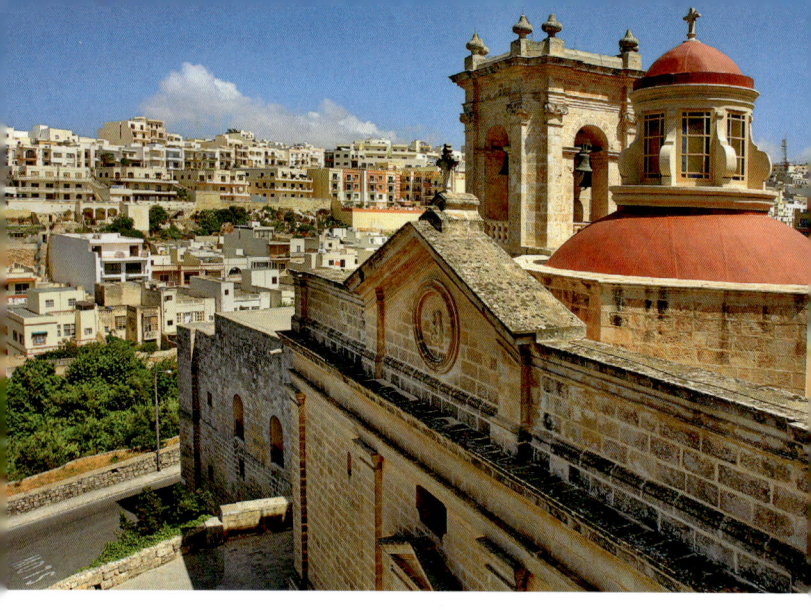

DER NORDEN

Auf der lang gestreckten Halbinsel zwischen Salina Bay und St. Paul's Bay hat man sich inzwischen ganz dem Urlaub verschrieben. In den Orten abseits der Küste kann man jedoch noch in ursprünglicher Landschaft spazieren gehen, speisen und übernachten.

Für einen strandnahen Urlaub ist der Norden Maltas das beste Reiseziel. Hier liegen die meisten Sandstrände, stehen die meisten Hotels und Apartmenthäuser. So ist denn auch in den letzten 30 Jahren auf der langgestreckten Halbinsel zwischen Salina Bay und St. Paul's Bay eine ganz neue Stadt entstanden, die nahezu ausschließlich vom Tourismus lebt. Verwaltungsmäßig gliedert sie sich zwar in verschiedene Gemeinden, aber de facto sind Qawra, Buggiba, St. Paul's Bay (San Pawl il-Bahar) und Xemxija zu einem einzigen Ort zusammengewachsen.

Strände gibt es rund um diese Ferienstadt, wo die meisten Urlauberbetten stehen, allerdings fast gar nicht. Man badet hauptsächlich in Pools oder steigt über Leitern ins Meer. Dafür ist das Angebot an Pubs und Restaurants ähnlich hoch wie im Raum Sliema/St. Julian's und auch ein paar gute Discos und Night Clubs sind vorhanden. Bootsausflüge werden an-

◀ Die neobarocke Pfarrkirche St. Marija
(▶ S. 110) thront sichtbar über Mellieha.

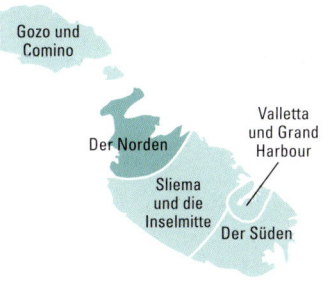

geboten, Linienbusse fahren an der Küste entlang nach Valletta und über Mosta nach Mdina/Rabat. Hauptort abseits der Küste ist das noch recht ursprünglich gebliebene Städtchen **Mellieha**, in dem man inzwischen auch gut speisen und übernachten kann. Der Reigen der guten Strände beginnt nördlich von Mellieha. Von der Mellieha Bay aus ziehen sie sich an der Nordküste entlang bis zum Fährhafen nach Gozo, Cirkewwa, und dann wieder an der Westküste von der Golden Bay bis zur Gnejna Bay.

WANDERUNGEN IN UNVERBAUTER LANDSCHAFT

Dem Kulturreisenden hat der Inselnorden außer ein paar Küstenwachtürmen relativ wenig zu bieten. Dafür kann man gut leichte Wanderungen unternehmen. Es gibt hier noch recht viel unverbaute Landschaft und Täler voller Gemüsegärten und Felder, und manchmal eine Schafherde.

BUGIBBA/QAWRA/ ST. PAUL'S BAY/XEMXIJA

🌿 E 3

14 000 Einwohner
Stadtplan ▶ S. 107

De facto bildet das Häuserkonglomerat auf der Halbinsel zwischen Salina und St. Paul's Bay eine einzige Stadt. Entlang der Salina Bay stehen vor allem große Hotels, zu denen fast immer auch Felsterrassen und Pools direkt am Meer gehören. Das eigentliche städtische Zentrum der Halbinsel liegt rund um den Platz Bajja an der St. Paul's Bay. Hier ist in vielen Straßencafés und zahlreichen Pubs den ganzen Tag und weit in die Nacht hinein viel los. Eine kilometerlange Uferpromenade zieht

sich an der St. Paul's Bay entlang. Am schönsten ist sie zwischen dem Hotel Dolmen Resort und dem National Aquarium, wo es sogar ein wenig unverbautes Grün und ein paar einfache, entsprechend preiswerte Café-Bars direkt am Wasser gibt.

SEHENSWERTES

❶ Bird Park Malta 🚩

Maltas 15 000 Jagdliebhaber haben dem Inselstaat bis in unser Jahrtausend hinein einen denkbar schlechten Ruf als Insel des hemmungslosen Vogelmords eingebracht. Forciert durch EU-Recht, hat sich die Situation inzwischen stark verbessert – und Malta hat jetzt sogar seinen ersten Vogelpark, in dem man die gefiederten Tiere studieren statt schießen kann. Die EU hat ihn mitfinanziert. 200 Arten sind hier zu Hause, darunter Flamingos, Pelikane, Kraniche, Eulen und Papageien. Einige Vierbeiner wie Kängurus und Meerkatzen leisten ihnen Gesellschaft.

Qawra | Salina Bay | www.birdpark malta.com | Juli–Sep. Mo–Fr 10–15, Sa/So 10–17 Uhr, Okt.–Juni Mo und Di geschl. | Eintritt 8 €

② Bugibba Temple

Spärliche Reste eines neolithischen Tempels, dessen geschwungene Fassade noch erkennbar ist, sind im Garten des Hotels Dolmen Resort besonders abends bei farbiger Beleuchtung eine Attraktion. Auch von der Hotelbar aus ist dieser nette Anblick zu genießen.

③ Malta National Aquarium

Seit Oktober 2013 besitzt Malta endlich ein Aquarium, in dem auch nicht tauchende Urlauber die Meeresfauna in Maltas Gewässern kennenlernen können. Der futuristische Bau direkt am Ausgang der St. Pauls Bay beherbergt nicht nur 26 Becken, in denen sich sogar Haie tummeln, sondern auch einen Beach Club und ein Café-Bistro.

Buggiba | Triq It-Trunciera | Tel. 22 58 81 00 | www.aquarium.com.mt | tgl. 10–22 Uhr | Eintritt 12,90 €

Selmun Palace 🏳 E 3

Hoch über der St. Paul's Bay steht in ländlicher Umgebung ein großer Wachtturm der Johanniter aus dem 17. Jh., der aber nicht von ihnen genutzt, sondern mit dem Jagdrevier ringsum verpachtet worden war. In den letzten Jahrzehnten war er verschiede-

nen Hotelbetreibern überlassen und stand zwischen jeweiligen Pächterwechseln stets lange leer. Eine Innenbesichtigung ist nicht möglich.

④ St. Paul's Church

An der Außenwand der Kirche wird in verschiedenen Sprachen Vers 28 der Apostelgeschichte zitiert, in dem die Landung des Apostels Paulus auf Malta geschildert wird.

Buggiba | Buggiba Road

St. Paul's Islands

Die kleinen Inseln liegen nicht weit entfernt von der St. Paul's Bay. Hier soll im Jahre 60 der Apostel Paulus gestrandet sein. Heute erinnert eine Paulus-Statue daran. Bootsausflüge dorthin werden angeboten.

⑤ Wignacourt Tower

Der über quadratischem Grundriss errichtete Wachtturm an der St. Paul's Bay stammt aus dem Jahr 1610 und ist damit der älteste entlang Maltas Küsten. Heute beherbergt er eine Sammlung von Modellen maltesischer Festungsbauten, zu besichtigen sind auch Waffen und andere Ausrüstungsgegenstände der Ritter.

Buggiba | www.dinlarthelwa.org | Mo–Mi, Fr 9–12 Uhr, auch am ersten So im Monat | Eintritt 2 €

MUSEEN UND GALERIEN

⑥ Malta Classic Car Collection

Das private Museum zeigt auf über 3000 qm mehr als 80 Oldtimer auf zwei und vier Rädern aus der Zeit ab 1940.

Qawra | Tourist Street | Tel. 21 57 88 85 | www.classiccarsmalta.com | Mo–Fr 9–18, Sa 9–13 Uhr | Eintritt 7 €

ÜBERNACHTEN

7 Bella Vista

Freundlicher Service – Abseits des Trubels mit Blick über die Salina Bay gelegenes Haus mit kleinem Pool.

Qawra | Qawra Coast Road | Tel. 21 57 05 91 | www.bellavistahotelmalta.com | 157 Zimmer | €

8 Dolmen Resort

Vielseitig – Großes, öko-zertifiziertes Hotel mit über 850 Betten. Schöner Garten, 4 Pools und eigene Liegeterrassen direkt am Meer. Tauchschule, Wellness-Center, Diskothek, Spielcasino.

Qawra | Dawret il-Gzejjer | Tel. 23 55 24 46 | www.dolmen.com.mt | 413 Zimmer | ♿ | €€–€€€

9 Seashells Resort at Suncrest

Riesig – Größter All-inclusive-Hotelkomplex Maltas mit Hallenbad, Spa-Bereich und Pool direkt am Meer. Eine Tauchschule, ein Wassersportzentrum, eine Diskothek und sogar eine Fahrrad-Garage mit Reparaturshop vervollständigen das Angebot.

Qawra | Dawret il-Qawra | Tel. 21 57 71 01 | www.seashellsresortmalta.com | 452 Zimmer | ♿ | €€€

ESSEN UND TRINKEN

RESTAURANTS

10 Gillieru

Feine Adresse – Sehr gutes Fischrestaurant, direkt am Meer, mit Terrasse in Form eines Schiffsbugs. Stolz ist man auf Gäste wie Roger Moore, Bon Jovi und Chris de Burgh, die hier schon gegessen haben.

St. Paul's Bay | Triq Il-Knisja 66 | Tel. 21 57 34 82 | www.gillierurestaurant. com | tgl. 12.15–14.30 und 19.30–23 Uhr | €€€

🕚 Tarragon

Exzellenter Gastgeber – Mediterrane Küche und Fusion Cuisine prägen die Speisekarte, die Patron Marvin Gauci seinen Gästen gerne erläutert. Auch vegetarische Menüs.

St. Paul's Bay | Triq Il-Knisja | Tel. 21 57 37 59 | www.tarragonmalta.com | Di–Sa 18.30–23, So 12–15 Uhr | €€€

🕛 The Grape Vine

Große Auswahl – Im Pub rechts vom Eingang gelegen kann man sich bei Musik, Bier vom Fass und guten Snacks entspannen. Links vom Eingang befindet sich das Restaurant mit italienisch-britischer Küche und großer Terrasse.

Bugibba | Triq il-Korp tal-Pijunieri | Tel. 21 57 29 73 | Pub Mo–Sa 17.30–1, So 12–1 Uhr, Restaurant tgl. ab 18, So auch 12–15 Uhr | €€

🔞 Ta'Fra Ben 👫

Gute Lage – Das einfache Restaurant befindet sich neben einem historischen Wachtturm. Es hat einen Swimmingpool und ein Plantschbecken.

Qawra | Qawra Tower | Tel. 21 57 34 05 | tgl. 12–14.30 und 19.30–23.30 Uhr | €€

KULTUR UND UNTERHALTUNG
BARS

🔞 Fuego

In dieser Salsa-Bar am Meer legen die zumeist ausländischen DJ's nahezu ausnahmslos karibische und lateinamerikanische Rhythmen auf. Von Montag bis Mittwoch gibt es jeweils zwischen 20.30 und 22.30 Uhr kostenlosen Tanzunterricht.

Qawra | Dawret il-Qawra | Tel. 21 58 49 33 | www.fuego.com.mt | tgl. ab 22.30 Uhr

Von Autos begeistert ist Carol Galea, der Besitzer des Museums Malta Classical Car Collection (▶ S. 106). Seinem Enthusiasmus ist diese außergewöhnliche Sammlung zu verdanken.

DISKOTHEKEN

⑮ Reflections

Diskothek im Sol Suncrest Hotel, vor allem Musik der 60er- bis 80er-Jahre, Reggae und Latin.

Qawra | Dawret il-Qawra | Tel. 21 57 30 90 | Mi–So ab 21 Uhr

KINO

⑯ Empire Cinemas

In sieben Kinosälen laufen die neuesten Streifen auf Englisch, gegebenenfalls auch in 3D.

Buggiba | Triq il-Korp tal-Pijunieri | Tel. 21 58 17 87 | www.empirecinema. com.mt | Eintritt 6 €

Ziele in der Umgebung

◎ **ARMIER BAY** D 3

Die Bucht an der Nordküste Maltas mit ihrem etwa 100 m langen Sandstrand ist an Wochenenden und im Sommer vor allem ein beliebtes Ausflugsziel der Malteser. Der Anblick der vielen primitiven, oft nur improvisierten Wochenendhäuschen ist vielleicht nicht romantisch, aber sehr authentisch, da nicht anders gewollt. In Bars und Restaurants kommt man leicht mit Einheimischen ins Gespräch. Umkleidekabinen, Souvenirgeschäfte und eine Wassersportstation mit Angeboten im Sommer sind vorhanden.

14 km nordwestl. von St. Paul's Bay

◎ **CIRKEWWA** D 3

Cirkewwa ist kein Ort, sondern der Fährhafen für Gozo. Unmittelbar am Hotel Paradise Bay zweigt eine kurze Stichstraße zum 100 m langen Sandstrand gleichen Namens ab, der von Küstenfelsen gerahmt wird.

14 km nordwestl. von St. Paul's Bay

◎ **GHAIN TUFFIEHA BAY** D 4

Der schöne, etwa 200 m lange Sandstrand vor der Steilküste ist nur zu Fuß von Gnejna oder der Golden Bay aus zu erreichen und somit der einzige maltesische Strand, von dem aus man kein Auto sieht. Es gibt weder ein Restaurant noch Wassersportangebote.

7 km westl. von St. Paul's Bay

◎ **GOLDEN BAY** D 4

An Maltas bestem Sandstrand kann man nicht nur gut baden, Wassersport betreiben, wohnen und reiten, sondern auch angenehm spazieren gehen. Die Gaia Foundation hat hier mehrere Wanderpfade angelegt, darunter einen »Friedenspfad«. An diesem erinnern Gedenktafeln an das Leben und Werk von Persönlichkeiten wie Martin Luther King, Nelson Mandela, Michail Gorbatschow und an den Dalai Lama.

8 km westl. von St. Paul's Bay

Marfa Ridge 5

Bei einer Wanderung durch den äußersten Nordosten Maltas zwischen Mellieha Bay und South Comino Channel können Sie wilde Natur und einfaches maltesisches Leben genießen und sich beim Baden unters Volk mischen (▶ S. 14).

ÜBERNACHTEN

Radisson Blu Resort & Spa, Malta Golden Sands ▶ S. 24

◎ **MELLIEHA** D 3

6300 Einwohner

Der alte Ortskern von Mellieha liegt hoch über der gleichnamigen Bucht und ist mit seinen vielen Treppen und schmalen langen Gassen noch ein recht ursprünglicher Ferienort. Hotels und Apartments stehen allerdings größtenteils nicht im Ort selbst, sondern direkt am Ufer der Mellieha Bay. Zum langen Sandstrand an der Mellieha Bay kann man vom Stadtzentrum aus bequem zu Fuß hinuntergehen. Am Strand gibt es zahlreiche Parkplätze, im Ortskern selbst aber nur wenige. Man parkt am besten direkt vor der Kirche.

Mellieha bestand schon im 15. Jh. als Pfarrei, wurde im Laufe des 16. Jh. aber wegen der Bedrohung durch Piraten nahezu völlig verlassen. Am 6. September 1565 landeten in der Bucht 8000 Mann als Ersatztruppen des Vizekönigs von Sizilien, auf die die belagerten Ordensritter so lange schon gewartet hatten. Ihre Ankunft veranlasste die Türken zum Abzug von Malta. Nur als Wallfahrtsziel blieb der Platz danach bedeutend. Bis 1841 lebten die wenigen Bewohner Mellliehas in einfachen Höhlenwohnungen, die noch heute am Hang zu entdecken sind.

6 km nordwestl. von St. Paul's Bay

SEHENSWERTES

St. Marija-Kirche

Die kleine Felsenkirche unterhalb der heutigen, erst 1948 erbauten Pfarrkirche war Jahrhunderte lang das Ziel vieler Pilger und ist es auch heute noch. Der Grund dafür ist ein Altarbild der Muttergottes mit dem Jesuskind, das der Legende nach vom Evangelisten Lukas selbst gemalt worden sein soll, aber wohl tatsächlich aus dem späten 12. Jh. stammt.

Nov.–April tgl. 8–12 und 16–18, Mai–Okt. 8–12 und 17–19 Uhr | Eintritt frei

Tunnara Museum

In einer kleinen Küstenfestung von 1715 am Südufer der Mellieha Bay wird erklärt, wie bis 1961 in Buchten wie dieser zwischen Juni und September Thunfischfang betrieben wurde.

Tunnara Street | Mo–Sa 10–12, So 14–18 Uhr | Eintritt frei

World War II Air Raid Shelter

Der ins Gestein gegrabene Luftschutzbunker, zu dem vor dem Eingang zur Kirche St. Marija 24 Stufen nach links oben führen, ist teilweise original möbliert. Ein Audio Surround System lässt die schaurige Atmosphäre der Bombennächte im Zweiten Weltkrieg lebendig werden.

Triq il-Madonna tal-Ghar | tgl. 9–15 Uhr | Eintritt 2,50 €

ÜBERNACHTEN

Maritim Antonine ▶ S. 24

Mellieha Bay Hotel 🧍

Direkte Strandlage – Weitläufiges Großhotel in einer gepflegten Gartenanlage an der Mellieha-Bucht mit eigenem Sandstrand und Pools.

Ghadira | Tel. 21 57 38 41 | www.mellieha bayhotel.com | 310 Zimmer | ♿ | €€€

Panorama

Familiär – Das Hotel direkt am Steilabfall von Mellieha zur Küstenebene hin trägt seinen Namen voll zu Recht. Auf den Balkons der Zimmer zur Frontseite hin kann man sich wie im Cockpit eines Flugzeugs fühlen, die Superior Rooms haben bodentiefe Fenster.

Mellieha | Triq Dun Belin Azzopardi | Tel. 21 52 10 20 | www.panorama-hotel. com | 60 Zimmer | €–€€

ESSEN UND TRINKEN

The Arches

Ein Klassiker – Vornehmes Restaurant im ersten Stock eines Hauses an der Hauptstraße. Die Küche ist international mit leicht italienischem Einschlag.
125 Borg Olivier Street | Tel. 21 52 34 60 | Mo–Sa 19–22.30 Uhr | ♿ | €€€€

Commando

Alles frisch – Chef Damian Ciappara hat bei Sterneköchen gelernt und präsentiert jetzt in einem über 300 Jahre alten Haus internationale junge Küche auf der Basis frischer Produkte aus der Region.
Misrah Iz-Zjara tal-Pappa (zwischen Hotel Maritim Antonine und Wallfahrtskirche) | Tel. 99 49 88 43 | www.commando restaurant.com | Di–Sa 18.30–22.30, So 12–15.30 und 19–23 Uhr | €€€

Rebekah's ▶ S. 28

SERVICE

Tourist-Information

Mellieha | Misrah Iz-Zjara tal Papa | Tel. 21 52 46 66 | Mo–Sa 9–13 Uhr

◎ POPEYE VILLAGE 👫   🏴 D 3

1979 ließ Regisseur Robert Altmann das Piratendorf aus Holzhäusern als Filmkulisse für die Popeye-Verfilmung errichten. Inzwischen musste es zweimal neu aufgebaut werden. Die meisten Häuser können betreten werden. Wer mag, kann sich im Popeye Village auch Liegestühle am Wasser mieten.
Anchor Bay | Juli, Aug. tgl. 9.30–19, Sept., Okt., März–Juni tgl. 9.30–17.30, Nov.–Feb. tgl. 9.30–16.30 Uhr | Eintritt 10 €, Kinder 8 €, im Sommer jeweils 2,50/2 € mehr | 10 km nordwestl. von St. Paul's Bay

Cirkewwa (▶ S. 109) ist ein Fährhafen, von hier starten die Schiffe zur Überfahrt nach Gozo. Nahebei gibt es hier das Hotel Paradise Bay und den gleichnamigen schönen Sandstrand.

Im Fokus
Auch auf Malta gibt es Bauern

Malta ist zwar ebenso dicht besiedelt wie das deutsche Ruhrgebiet, dennoch gibt es auch hier Bauern und Landwirtschaft. Letztere macht viel Arbeit, denn Wasser ist knapp und guter Humus rar. Die Felder sind klein und erfordern viel Handarbeit.

Die Mehrzahl der etwa 12 500 maltesischen Voll- und Teilzeitbauern eint ein Problem: Ihre Ländereien sind zu klein. Stetig steigende Bevölkerungszahlen und das althergebrachte Erbrecht haben den Landbesitz immer stärker zersplittert. 2003 betrug die Durchschnittsgröße des Landbesitzes gerade einmal einen Hektar. Nur 11 % der maltesischen Bauern bestellten mehr als 2 ha, fast keiner mehr als 10 ha Land.

Die Natur macht es den Maltesern nicht leicht, ihrem Boden Essbares abzuringen. Eines der Hauptprobleme ist die Regenarmut. Der Boden muss künstlich bewässert werden. Da es weder Flüsse noch Seen gibt, sind Zisternen fast die einzigen Möglichkeiten, den vor allem im Herbst fallenden Regen aufzufangen und nach Bedarf auf die Felder zu leiten. Noch wichtiger sind die Grundwasserbohrungen. Früher förderte man Grundwasser mit von Eseln und Maultieren betriebenen Wasserrädern oder mit Windrädern. Heute nutzt man dafür vor allem Motorpumpen. Wasser aus den Meerwasserentsalzungsanlagen zu nutzen, wäre zu teuer.

◄ Brot, Gemüse, Honig und Wein aus maltesischer und gozitanischer Landwirtschaft.

Nur im Süden Maltas steht eine weitere Quelle zur Verfügung: das gereinigte Abwasser aus der Kläranlage bei Marsascala.

Das zweite Problem ist der schlechte Boden. Er ist dünn, reich an Kalziumkarbonat und Alkalin, hat wenig Humus. Darum braucht er viel natürlichen oder künstlichen Dünger. Weil der Boden so dünn ist, hat die Erosion durch Wind und Wolkenbrüche ein leichtes Spiel. Darum sind die Hänge in ländlichen Gebieten von so vielen Terrassen über- und von mühsam aufgeschichteten Steinmauern durchzogen. Auf ihnen wächst sogar Getreide. Das allerdings nur jedes vierte Jahr pro Feld. Um aus dem schlechten Boden das Bestmögliche herauszuholen, muss die Fruchtfolge jährlich wechseln. Im ersten Jahr pflanzt man z.B. Kartoffeln oder Zwiebeln, im zweiten Weizen oder Gerste, im dritten Klee und im vierten Jahr folgen dann wieder Zwiebeln oder Kartoffeln. Auf guten Feldern bauen Landwirte jedes zweite Jahr Gemüse an, vor allem Tomaten, Kohl, Spinat, Auberginen, Artischocken, Honig- oder Wassermelonen und Knoblauch.

DAS LIEBE VIEH

Mit Vieh gibt sich der Durchschnittsbauer nicht ab. Er hält nur ein paar eigene Hühner zur Selbstversorgung. Ansonsten deckt er seinen Fleischbedarf wie jeder Andere auch beim Metzger. Diese beziehen ihr Rindfleisch zumeist aus dem Ausland. Auf maltesischen Farmen wächst meistens nur Milchvieh heran. Obwohl es auf beiden Inseln über 10 000 Rinder gibt, sieht man fast nie Kühe auf der Weide. Sie werden fast immer das ganze Jahr über in Ställen gehalten.

Auch frei weidende Schafe und Ziegen sind auf Malta und Gozo ein seltener Anblick, obwohl es davon immerhin noch etwa 14 000 Exemplare gibt. Für die Woll- und Ledergewinnung spielen sie hier keine Rolle. Auch die Zeiten, als Hirten ihre Milchziegen durch die Städte trieben und nach Bedarf melkten, sind nach dem Zweiten Weltkrieg zu Ende gegangen, weil aus Hygienegründen keine nicht pasteurisierte Ziegenmilch mehr verkauft werden durfte. Heute nutzt man die Milch dieser Tiere vor allem für die Herstellung des maltesischen Ziegenfrischkäses Gbejniet.

Schweine sind zahlenmäßig in maltesischen Ställen die häufigsten Vierbeiner. Die Schweinefleischproduktion reicht nicht nur für den Eigenbedarf der Inseln aus, sondern auch noch für die Produktion von Ham, Bacon und Würstchen für den Export.

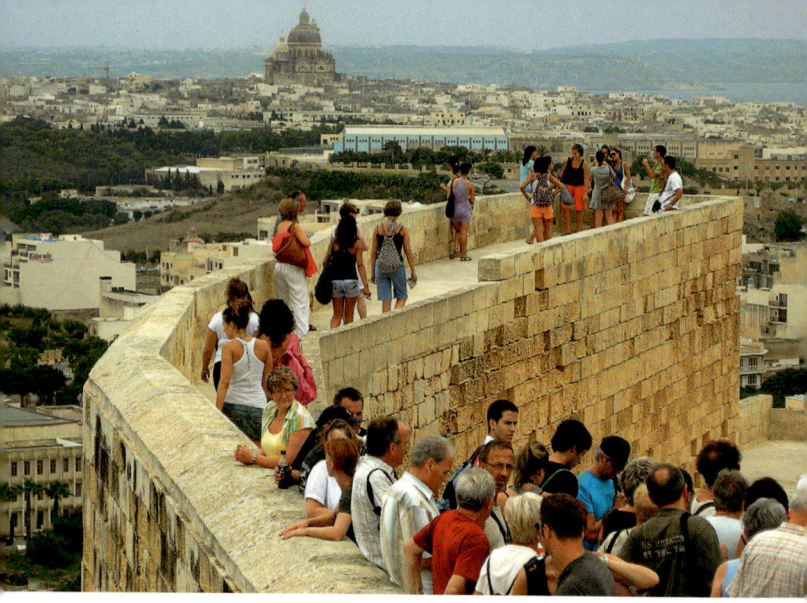

GOZO UND COMINO

Maltas Schwesterinsel Gozo lockt den kunst- und natur-
interessierten Besucher mit historischen Bauwerken und ländlichem
Charme. Die Badeinsel Comino dagegen wird im Sommer gerne von
Freunden des Wassersports besucht.

Gozo, das auf Maltesisch Ghawdex heißt (wie »Audesch« ausgespro-
chen), ist nur 8 km Schifffahrt von Malta entfernt. Trotzdem fühlt man
sich hier wie in einer ganz anderen Welt. Die überwiegend stillen Insel-
dörfer liegen klar voneinander getrennt auf niedrigen Tafelbergen. Dazwischen ist viel Platz für grüne Felder, enge und weite Täler mit säuber-
lich terrassierten Hängen und verstreut gelegenen Bauernhäusern. Auf
den Straßen herrscht weit weniger Verkehr als auf Malta; die Orientie-
rung ist einfach, denn fast immer sieht man sein Ziel schon deutlich vor
Augen. Alle bedeutenden Sehenswürdigkeiten der Insel kann man zwar
auch auf einem Tagesausflug mit Ausflugsbus oder Mietwagen kennenlernen, das wirkliche Gozo-Feeling von Entspanntheit und Entschleuni-
gung stellt sich aber erst ein, wenn man ein paar Tage lang bleibt. Dann
kann man seine Entdeckungstouren auch preiswert mit Linienbussen

◄ Einen weiten Blick über die Stadt genießt man von der Zitadelle von Victoria (▶ S. 115).

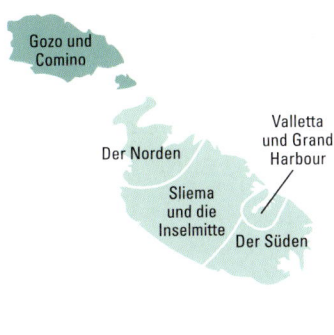

Gozo und
Comino

Der Norden

Valletta
und Grand
Harbour

Sliema
und die
Inselmitte

Der Süden

unternehmen, die vielen guten Restaurants der Insel ausprobieren, die überwiegend landwirtschaftliche Produkte Gozos verarbeiten, kleine Wanderungen unternehmen und ausgiebig am langen und breiten Sandstrand Ramla Bay oder an versteckten winzigen Buchten die Sonne genießen.

WASSERSPORTINSEL COMINO

Zwischen Malta und Gozo liegt als dritte bewohnbare maltesische Insel dann noch das kahle **Comino** mit seinen beiden Hotels, einem Wehrturm aus der Zeit der Johanniterritter und der Badebucht Blue Lagoon, die auch Ziel vieler Bootsausflüge von Malta aus ist. Mehr gibt es dort allerdings nicht zu sehen.

VICTORIA (RABAT) 🍃 B 2

6600 Einwohner
Stadtplan ▶ S. 117

Die Inselhauptstadt erhielt ihren Namen 1887 zu Ehren der britischen Königin Victoria. Sie liegt in Gozos Inselmitte zu Füßen des 140 m hohen Tafelberges, der die Keimzelle der Siedlung, die mittelalterliche Zitadelle, trägt. In ihren gut erhaltenen Mauern lebten die wohlhabenden Gozitaner bis ins 17. Jh. hinein. Später siedelten sie lieber unterhalb des Berges im heutigen Victoria. Noch immer nennen die Einheimischen den Ort aber mit seinem alten Namen Rabat (Vorstadt). Von den Palästen innerhalb der Zitadelle ist nur wenig erhalten geblieben. Dort stehen heute nur noch die Kathedrale, der Gouverneurspalast und drei

Museen. Das Zentrum von Victoria bilden heute der St. George's Square und der 80 m davon entfernte Marktplatz It Tokk (Independence Square). Stolz sind die Gozitaner auf die Villa Rundle Gardens: Die 1910 geschaffene Parkanlage im Stadtzentrum ist im Sommer ein Blütenparadies.

SEHENSWERTES

❶ Astra und ❷ Aurora

Die beiden Opernhäuser der Inselhauptstadt gehören zwei Philharmonischen Gesellschaften. Nahezu jeder Victorianer ist in einer von beiden Mitglied. Das Astra wurde 1968 eröffnet und nach einem schweren Brand im Jahr 2003 völlig neu eingerichtet. Der Theatersaal fasst bis zu 1200 Zuschauer. Er ist alljährlich Ende Oktober an drei

Abenden Schauplatz des Opernfestivals »Mediterranea«. Das Aurora wurde 1971 bis 1976 erbaut und bietet bis zu 1600 Zuschauern Platz. Hier wird mindestens an einem Abend im Oktober eine Oper aufgeführt.

– Astra: Republic Street 9 | Tel. 21 55 09 85 | www.mediterranea.com
– Aurora: Republic Street 100 | Tel. 21 56 29 74 | www.teatruaurora.com

3 Citadel

Den Tafelberg im Herzen Victorias hatten schon die Menschen der Bronzezeit als Siedlungsort gewählt, weil sein Plateau relativ leicht zu verteidigen war. Bereits in punischer Zeit war er befestigt und sicherlich ebenso in römischer Zeit. Nachdem die Türken die Zitadelle 1551 zerstört hatten, bauten die Johanniterritter sie Ende des 16. Jh. wieder auf. Innerhalb der Mauern steht nur noch ein Teil der alten Gebäude. Manche Flächen sind mittlerweile Gärten, in denen beeindruckend viele kakteengleiche Opuntien wuchern. Mehrere Häuser dienen heute als Museen; einen Blick lohnt auch die 1716 geweihte Kathedrale, deren Architekt der auf den Inseln so berühmte Malteser Lorenzo Gafà war. Ein perspektivisches Deckengemälde erweckt hier bei Kirchenbesuchern die Illusion einer in Wahrheit nicht vorhandenen Kuppel (tgl. 5–20 Uhr).

4 Old Prison

Das »alte Gefängnis« befindet sich in der Zitadelle. Es besteht aus einer Gemeinschafts- und mehreren Einzelzellen, die von 1550 bis ins frühe 20. Jh. als Haftanstalt dienten. Interessant sind die Graffiti ehemaliger Zellinsassen.

Citadel | tgl. 9–17 Uhr | Eintritt nur mit dem Citadel Ticket, das auch für Folklore Museum, Museum of Archaeology und Natural Science Museum gilt, 8 €

5 Rundle Gardens

Gozos größte öffentliche Parkanlage am Stadtrand von Victoria wurde 1912 im Auftrag von General Leslie Rundle angelegt.

Lower Republik Street | tagsüber frei zugänglich

6 St. George's Square

Der kleine Platz, nur etwa 60 m vom viel besuchten Independence Square mit seinem täglichen Markt entfernt, ist ein intimer kleiner Dorfplatz mit einigen wenigen Geschäften und Cafés.

MUSEEN UND GALERIEN

Für vier der Museen in der Zitadelle gibt es das Malta Citadella-Sammelticket zum Preis von 8 € (erm. 5 €, Kinder 4 €). Es ist für das Archäologische Museum, das Folklore Museum, das Naturwissenschaftliche Museum und das Old Prison gültig. Einzeltickets werden nicht angeboten.

7 Basilica Museum – Heart of Gozo

Das neue, noch im Aufbau befindliche Museum will auf Gozo vorhandene Kunstwerke sammeln, restaurieren und zur Schau stellen.

Pjazza San Gorg | Tel. 21 55 75 04 | www. heartofgozo.org.mt | tgl. 9–17.30 Uhr | Eintritt 5 €

8 Cathedral Museum

Nur für speziell Interessierte lohnt der Besuch dieser Ausstellung in der alten Sakristei der Kathedrale, die überwie-

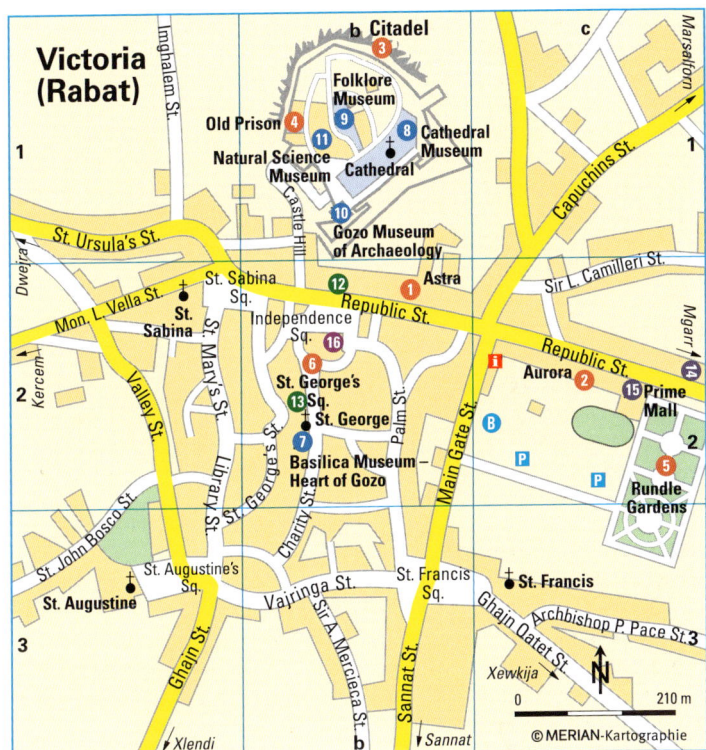

Victoria (Rabat)

b Citadel
Folklore Museum
Old Prison
Natural Science Museum
Cathedral
Cathedral Museum
Gozo Museum of Archaeology
St. Ursula's St.
St. Sabina Sq.
Astra
Republic St.
Independence Sq.
St. Sabina
Aurora
Prime Mall
St. George's Sq.
St. George
Basilica Museum – Heart of Gozo
Rundle Gardens
St. Augustine's Sq.
St. Augustine
St. Francis Sq.
St. Francis
Xewkija
Xlendi
Sannat
0   210 m
© MERIAN-Kartographie

gend liturgische Geräte und Gewänder, Reliquiare und Weihegaben zeigt.
Citadel | Triq il-Fosos | Tel. 21 55 60 87 | www.gozocathedral.org | Mo–Sa 10–13 und 13.30–16 Uhr | Eintritt 0,50 €

9 Folklore Museum

Sehr viel Atmosphäre strahlt das mit Liebe eingerichtete volkskundliche Museum in der Zitadelle aus, das drei benachbarte Häuser aus der Zeit um 1500 einnimmt. Besonders der Innenhof, die Türbögen und die schönen Fenster mit ihrer aufwendigen Steinmetzarbeit geben einen Eindruck da-

von, wie der ansässige Adel auf der Insel lebte, bevor die Ritter kamen.
Citadel | Melite Bernardo de Opuo Street | Tel. 21 56 20 34 | tgl. 9–17 Uhr | Eintritt Malta Citadella-Sammelticket 8 €

10 Gozo Museum of Archaeology

Das kleine Archäologische Museum ist in einem restaurierten Adelspalast einer einheimischen Familie aus dem 16. Jh. untergebracht. Besonders schön sind der punische Schmuck und die mittelalterliche Keramik. Ein Symbol der Fruchtbarkeit ist, wie später auch in griechischer und römischer Zeit, die

Schlange, die sich als Relief auf der Schmalseite einer über 1 m hohen Steinplatte aus dem steinzeitlichen Tempel von Ggantija findet.

Citadel | Triq Bieb l-Imdina | tgl. 9–17 Uhr | Eintritt Malta Citadella-Sammelticket 8 €

⑪ Natural Science Museum

Im Naturwissenschaftlichen Museum ist einer jener Pilze mit Heilwirkung zu sehen, die zu Zeiten der Ritter auf dem Fungus Rock wuchsen.

Citadel | Triq l-Kwartieri ta' San Martin | tgl. 9–17 Uhr | Tel. 21 55 61 53 | Eintritt Malta Citadella-Sammelticket 8 €

ÜBERNACHTEN

Downtown ⚑ B 2

Das Einzige – Aus zwei Hoteletagen in einem Shopping-Komplex mit Bowlingbahn besteht das einzige Hotel der Inselhauptstadt. Zimmer teilweise mit Meerblick; Café-Bar im Haus.

Triq l-Ewropa | Tel. 22 10 80 00 | www.downtown.com.mt | 40 Zimmer | €

ESSEN UND TRINKEN

It-Tmun ⚑ B 2

Lokaler Szene-Treff – Paella auf Vorbestellung, häufig wechselnde Fusion-Karte, z. B. pfannengeröstete Thai-Fischkuchen mit Passionsfrucht- und Mangosauce oder Wachteln mit Nudeln in Satay-Sauce.

Triq l-Ewropa | Tel. 21 56 66 67 | www.tmunvictoria.com | Fr–Mi 18.30–22.30, So auch 12–14.30 Uhr | €€€

CAFÉS

⑫ Café Jubilee

Kommunikationsfördernd – Im Stil der 1920er-Jahre eingerichtetes Café, in dem die jeweiligen Tagesgerichte mit Kreide auf eine Tafel geschrieben werden. Es gibt gozitanische Spezialitäten, aber auch Nudelgerichte.

Independence Square 8 | www.cafejubilee.com | tgl. 8–1 Uhr | €

⑬ Grapes

Schönste Lage – Am schönsten Platz der Stadt sitzt man gern stundenlang draußen, genießt seinen Kaffee oder Drink und kann auf Wunsch auch etwas dazu essen.

Pjazza San Gorg | Tel. 79 47 35 03 | Mo–Do 8–2, Fr–So 8–4 Uhr | €

EINKAUFEN

EINKAUFSZENTREN

⑭ Arcadia Commercial Centre
▶ S. 37

⑮ Prime Mall

Das 2009 eröffnete Shoppingcenter, auf 3000 qm über zwei Etagen verteilt, ist der älteste Einkaufstreff der Gozitaner für Mode und Lifestyle.

Republic Street

Ziele in der Umgebung

◎ AZUR WINDOW ▶ INLAND SEA
▶ S. 119

◎ GGANTIJA TEMPLES ⑩

Die »Tempel der Riesin« liegen landschaftlich reizvoll an einem Hang unterhalb des Dorfes Xaghra. Die Anlage besteht aus drei Teilen. Auf einer künstlichen Terrasse lag ein 40 m langer Vorplatz, der von einer Steinmauer eingefasst war. Von ihm gingen zwei Tempel ab, der südwestliche ist älter und besser erhalten. Jeder Tempel besaß seine eigene konkav geschwungene

Fassade, die links und rechts vom Eingang von niedrigen Bankaltären gesäumt war. Auf ihnen konnten Opfergaben niedergelegt werden. Auf einem von ihnen, links vom Eingang des Südwesttempels, sind heute Steinkugeln zu sehen, die vermutlich als Walzen für den Transport der Steinplatten und -blöcke zur Baustelle dienten.

Den Eingang zu den Tempeln bilden senkrecht stehende Steinplatten, sogenannte Orthostaten. Ursprünglich ruhten auf ihnen eine oder mehrere mächtige Steinplatten, sodass man durch diese Pforte wie in eine Höhle in den Tempel hinein trat. Die Innenräume der Tempel wiederum waren nierenförmig angelegt.

Tgl. 9–17.15 Uhr | www.visitgozo.com | Eintritt 8 €

4,5 km nordöstl. von Victoria

◎ INLAND SEA ⚑ A1

Der auch als »Dwejra Lake« bekannte Binnensee im Westen Gozos wird nur durch einen schmalen, aber hohen Klippenstreifen vom Meer abgeschirmt, mit dem er durch eine natürliche Felspassage verbunden ist. Um das flache Ufer des Sees herum stehen die Bootsschuppen der Fischer aus Gharb und San Lawrenz. Von einem Fels aus springen Kinder liebend gern ins Wasser, und von den in den kleinen See hineinragenden Anlegern aus fahren Taucher und andere Urlauber mit Fischerbooten durch den Tunnel hinaus aufs offene Meer. Da gibt es noch zwei weitere Natursehenswürdigkeiten zu entdecken. Die eine ist das Azur Window, ein Felstor an der Küste, die andere eine unbewohnte Felsinsel 35 m vor der Küste, der Fungus Rock. Zu ihrer

In stilvoller, aber entspannter Atmosphäre speist man im Café Jubilee (▶ S. 118). Besonderen Wert wird hier auf die Auswahl der Produkte gelegt, mit der die Gerichte zubereitet sind.

Bewachung hatten die Johanniterritter an der Küste 1651 einen Wachtturm erbauen lassen, den Dwejra Tower (heute Info-Zentrum). Die Insel war ihnen deswegen so wichtig, weil auf ihr ein Pilz gedieh, der nicht nur blutende Wunden stillte, sondern auch bei Magengeschwüren und Hämorriden half sowie als Aphrodisiakum genutzt werden konnte. Um die Pflanzen ernten zu können, hatten die Johanniterritter eigens eine kleine Seilbahn von Gozo auf den 35 m entfernten Fels bauen lassen, mit der die Sammler in einem Seilkorb übersetzen konnten.

Bootsfahrt 3,50 €

7 km westl. von Victoria

◎ MARSALFORN C1

500 Einwohner

Marsalforn an der gozitanischen Nordküste ist der bedeutendste Urlaubsort der Insel. Sein Name bedeutet »Bucht der Backöfen« und erinnert daran, dass hier in früheren Jahrhunderten die Backöfen standen, in denen das Brot für die gesamte Insel gebacken wurde. Marsalforn liegt an der Marsalforn Bay. An ihrem Ostufer erhebt sich der zwar auffällige, aber keineswegs schöne Kasten des Hotels Calypso. Davor liegen die Fischerboote im Winterhalbjahr größtenteils an Land, im Sommer im Wasser. An das winzige Hafenbecken schließt sich ein nur etwa 25 m langer, sehr schmaler Sandstrand an. Jenseits der ihn begrenzenden Trockenbachmündung beginnt die Uferpromenade entlang dem inneren Ende der Bucht. Auf ihrer anderen Seite steigt sie leicht auf die Küstenfelsen an, wo viele Touristen auf glatten Felsplattformen in der Sonne liegen.

Die von Grünanlagen begleitete Uferstraße führt durch ein Neubauviertel weiter zur schönen, von weißen glatten Globigerinenfelsen eingerahmten Qbajjar Bay mit im Wasser liegenden Badefelsen. Von hier bis zur nächsten Bucht, der Xwejni Bay, und noch weiter bis zum Wied il-Ghasri reichen die Salinen, in denen noch immer Salz gewonnen wird. Das Meerwasser verdunstet hier in unzähligen kleinen Felsbecken, die auf etwa 2 km Länge die schönsten geometrischen Muster bilden.

Die im Hochsommer zurückbleibende Salzkruste wird per Hand geerntet. Dem Salz wird dann etwa 1 % Magnesiumkarbonat hinzugefügt, damit es während der Lagerung nicht klumpt. Der Ertrag ist allerdings nur gering. Das gozitanische Meersalz ist heute als Souvenir sehr begehrt; exportiert wird es allerdings nicht.

3 km nördl. von Victoria

SEHENSWERTES

Ramla Bay

Die Ramla Bay an der Nordküste mit ihrem herrlichen Sandstrand ist gänzlich unverbaut. Kein einziges Hotel steht in der Nähe, die beiden Restaurants (€) wirken wie Provisorien und sind nur im Sommer geöffnet. Am Zu-

Salinen von Marsalforn 6

Die ausgedehnten Becken der Salinen wurden von Menschenhand aus dem Stein gehauen. Balancieren Sie über die Stege, die die Becken trennen und genießen Sie den Ausblick auf die gattgeschliffenden Küstenfelsen im Westen (▶ S. 14).

gang zum Strand informiert die Gaia Foundation über die Ramla Bay als Naturschutzgebiet. Freiwillige aus ganz Europa geben Auskünfte und beantworten Fragen, eine kleine Fotoausstellung zeigt interessante Pflanzen und Tiere des Gebiets.

ÜBERNACHTEN

Calypso

Modern und komfortabel – Das Hotel ist ein Treffpunkt für Taucher, da Tauchfahrten direkt in diesem Hafen beginnen können. Pool mit Aussicht auf dem Dach, zur sandigen Ramla Bay geht man 20 bis 30 Minuten zu Fuß.
Marina Street | Tel. 21 56 20 00 | www. hotelcalypsogozo.com | 100 Zimmer | €€€

Maria Giovanna Guest House

Freundlicher Service – Stadthaus in zentraler Lage nahe dem Hafen, liebevoll im gozitanischen Stil eingerichtet. Die Schwestern Anna und Sonia kümmern sich rührend um ihre Gäste.
41 Rabat Road | Tel. 21 55 36 30 | www. gozoguesthouses.com | 15 Zimmer | €

ESSEN UND TRINKEN

RESTAURANTS

Chez Amand

Abseits vom Trubel – Restaurant einer belgischen Familie mit mediterraner und französischer Küche.
Qbajjar Bay | Tel. 21 55 10 93 | Do–Di 11.30–14.30, Do–Sa und Mo, Di auch 18.30– 21.30 Uhr, im Winter nur mittags und Sa ab 18 Uhr | €€€

Otters

An der Brandung – Das Lounge-Restaurant direkt am Meer hat eine große Auswahl an hausgemachter Pasta sowie gute Fisch- und Fleischgerichte zu bieten. Große Portionen.
St. Mary's Street | Tel. 21 55 66 06 | tgl. 10–1, Jan. und März Mo–Do nur 10–16 Uhr | €

EINKAUFEN

Green Lantern

In der Südwestecke der Bucht verkauft ein französischer Lebenskünstler Schmuck, Fossilien und kleine, originelle Arbeiten aus Holz und maltesischem Stein zu günstigen Preisen.
Marina Street (neben Restaurant Il-Kartell)

Xwieni Bay

Ein außergewöhnliches Badeerlebnis bietet die Xwieni Bay im Westen von Marsalforn. An einem niedrigen Ufer mit kleinem Strand kommt man gut ins Wasser und kann im Fjord dem offenen Meer entgegenschwimmen (▶ S. 14).

KULTUR UND UNTERHALTUNG

BARS

Dive Bar

Der abendliche Treffpunkt der einheimischen jungen Leute. Das Lokal verfügt über einen Internet-Zugang.
Marina Street | tgl. ab 20.30 Uhr

◎ SANNAT   B 2
1400 Einwohner

Am Rande dieses stillen Binnendorfes steht mit dem Ta' Cenc ein renommiertes Luxushotel, das architektonisch einem maltesischen Dorf nachempfunden ist. Eine schöne, etwa 3,5 km lange

Wanderung führt von Sannat aus entlang der gozitanischen Steilküste bis nach Xlendi. Der »Cliff Path« beginnt an der Straße Triq Dun Xand Aquilina nahe Sannats Pfarrkirche Santa Margarita und ist ab dort beschildert.

2,5 km südöstl. von Victoria

ÜBERNACHTEN

Ta' Cenc ▶ S. 24

◉ TA' PINU B 1

Die neoromanische Kirche nahe dem Dorf Gharb ist wegen einer Marienerscheinung im Jahre 1883 und wegen der zahlreichen Wunder, die die heilige Jungfrau nach fester Überzeugung der Einheimischen hier bewirkte, der bedeutendste Wallfahrtsort der maltesischen Inseln. Der imposante Bau ist ein eindrucksvolles Zeugnis gozitanischer Steinmetzkunst.

Tgl. 6.45–12.30 und 14–19.30 Uhr, während der Messen keine Besichtigung möglich

5 km nordwestl. von Victoria

ÜBERNACHTEN

Kempinski San Lawrenz ▶ S. 23

◉ XAGHRA  C 1
4200 Einwohner

Das sich sehr weitläufig auf einem Tafelberg ausdehnende Dorf besitzt nach Victoria die meisten Sehenswürdigkeiten der Insel und bildet mit seinen guten Restaurants am großen Hauptplatz Pjazza Il-Voitorja vor der prunkvollen Pfarrkirche der »Maria Bambina« auch ein kulinarisches Zentrum von Gozo. Einen Blick wert sind die Uhren an den beiden Kirchtürmen. Eine zeigt ungefähr die richtige Zeit an, die andere steht. Dies soll den Teufel irritieren

und von einem Besuch des Gottesdienstes abhalten.

5 km östl. von Victoria

SEHENSWERTES

Ggantija Temples ▶ S. 118

Grotten

Im Dorf können mit der Ninu's Cave und der Xerri's Grotto zwei kleine Tropfsteinhöhlen besichtigt werden, die unter privaten Wohnhäusern liegen. Der Zugang erfolgt durch Haustür und Flur dieser Wohnungen.

– Ninu's Cave: January Street 15 | Tel. 21 55 68 63 | tgl. 8.30–18 Uhr | Eintritt 2 €
– Xerri's Grotto: Gnien Imrik Street | Tel. 21 56 05 72 | Mo–Sa 9–18 Uhr | Eintritt 2 €

Calypso's Cave

Ein kleiner Garten hoch über der Ramla Bay ist einer von Gozos schönsten Aussichtspunkten. Der Legende nach verbrachte hier in einer Grotte im Park der griechische Seefahrer und König von Ithaka, Odysseus, sieben Jahre als Gefangener der Nymphe Calypso (▶ S. 15).

Windmühle Ta' Kola

Bedeutsamer als die Grotten ist die 1725 erbaute Windmühle Ta' Kola (gut ausgeschildert) mit einem ansprechenden Mühlenmuseum, dem einzigen der maltesischen Inseln. Sie wurde sehr gut restauriert und kann innen bestiegen werden.

Bambina Street | Tel. 21 56 10 71 | tgl. 9–17 Uhr | Eintritt 8 € (Kombi-Ticket, das auch für den Tempel von Ggantija gilt)

MUSEEN UND GALERIEN

Pomskizillious Museum of Toys

Der Name des privaten Museums bezieht sich auf eine Äußerung des britischen Dichters Edward Lear, der 1866 eine Woche auf Gozo verbrachte. Der Verfasser zahlreicher Nonsense-Verse bezeichnete die Landschaft der Insel als schlicht »pomskizillious« und »gromphibberous«. Zu sehen ist hier eine historische Spielzeugsammlung.

Gnien Xibla Street 10 | Tel. 21 56 24 89 | www.themuseumoftoys.com | Juni–Sept. Mo–Sa 10.30–13 und 16–18 Uhr, sonst stark schwankend | Eintritt 2,80 €

ÜBERNACHTEN

Cornucopia

In ländlicher Umgebung – Das Hotel liegt sehr ruhig am nördlichen Ortsrand. Es verfügt über zwei Meerwasser-Pools und ein Kinderbecken, außerdem Liegen und Sonnenschirme.

10 Gnien Imriek Street | Tel. 21 55 64 86 | www.cornucopiahotel.com | 48 Zimmer | €€

ESSEN UND TRINKEN

D-Venue

Internationale, mediterrane und maltesische Küche wird in diesem Restaurant am Dorfplatz auch auf einer luftigen Dachterrasse serviert. Ein typisches Gericht hier ist die Entenbrust mit Waldbeeren und Portweinsauce. An Freitagabenden unterhalten maltesische oder gozitanische Künstler zwischen Oktober und Mai die Gäste mit Livemusik.

Pjazza Il-Vitorja | Tel. 21 56 65 42 | www.dvenuerestaurant.com | Di–So 12–15 und 19–23 Uhr | €€

Einer der Pools des Cornucopia (▶ S. 123) bestimmt mit seiner schönen, geschwungenen Form die Gartenanlage des im Herzen von Gozo befindlichen Hotels.

Oleander ▸ S. 28

 **XEWKIJA** C1

3100 Einwohner

Das unscheinbare Dorf besitzt eine gewaltige Kirche, deren Kuppel das Panorama der Insel beherrscht. Sie ist mit 75 m Höhe die zweithöchste Kuppel Europas. Vom Kirchenmuseum aus fährt ein Fahrstuhl auf den Umgang hinauf, der in 50 m Höhe rund um die Kuppel führt und einen prächtigen Ausblick über ganz Gozo gewährt. Die Dorfbewohner haben den Bau der Kirche samt Kuppel zwischen 1951 und 1978 aus eigener Tasche bezahlt.

Pjazza | Tel. 21 55 67 93 | Mo–Sa 9–12 Uhr | Lift 2 €

3,5 km südöstl. von Victoria

EINKAUFEN

Magro Food Village

Das große, schon 1934 gegründete Familienunternehmen hat sich auf die Verarbeitung gozitanischer Milch und Tomaten spezialisiert. Tomaten werden hier sonnengetrocknet oder auch zu Ketchup verarbeitet, der Molkerei ist eine Käserei angeschlossen. Im dazugehörigen Shop gibt es auch gozitanische und maltesische Oliven, Pickles, Pasteten, Chutneys und Nudeln zu kaufen.

Xewkija Industrial Estate | Tel. 80 07 55 33 | www.magro.com.mt | Mo–Fr 9–14 Uhr, Touren Mo–Fr 9.45, 11 und 12.15 Uhr | Voranmeldung per Telefon oder Email erforderlich, Teilnahme kostenlos

 **XLENDI** B2

150 Einwohner

Der Ort liegt am inneren Ende einer ungefähr 250 m langen, schlauchförmigen Bucht, die auf beiden Seiten von Felsküste eingerahmt ist. Auf der östlichen Seite ist der Fels hoch und unzugänglich. Am westlichen Ufer bildet er ein kleines Plateau, auf dem Sonnenbadeplätze eingerichtet wurden, von denen Leitern ins Wasser führen. Das innere Ende der Bucht säumt ein etwa 100 m langer, schmaler Sand-Kies-Streifen. An seinem östlichen Ende liegen Boote. Am Hafenbecken vorbei führt ein treppenreicher Pfad zur kleinen Höhle Ghar ta' Karolina.

3 km südwestl. von Victoria

ÜBERNACHTEN

San Andrea

Freundliche Alternative – Hotel mit Dachgarten und Meerblick unmittelbar neben dem Hotel St. Patrick's. Besonders freundliches Personal.

St. Simon Street | Tel. 21 56 55 55 | www. hotelsanandrea.com | 28 Zimmer | €€

St. Patrick's

Das Beste vor Ort – Modernes Hotel unmittelbar an der Uferpromenade mit kleinem Pool auf der Dachterrasse. Komfortabel eingerichtete Zimmer mit Balkon und teilweise großartigem Ausblick auf die Bucht.

Marina Street | Tel. 21 56 29 51 | www. stpatrickshotel.com | 63 Zimmer | €€

Xlendi

Kinder willkommen – Das zum Teil renovierte, zum Teil ganz neu erbaute Hotel steht leicht erhöht über der Bucht direkt an der Uferstraße und bietet von seinen Dachterrassen mit Pool und Restaurant einen prächtigen Ausblick. Schlichte Zimmer. Ein Spa bietet diverse Wellness-Einrichtungen.

St. Simon Street | Tel. 21 56 46 14 | www.
hotelxlendi.com | 50 Zimmer | €€

ESSEN UND TRINKEN

Stone Crab

Zwischen Wasser und Fels – Das Restaurant direkt am Hafen bietet zwar 200 Plätze, eine Reservierung ist vor allem an Wochenenden dennoch dringend empfehlenswert. Krustentiere sind – dem Restaurantnamen entsprechend – die Spezialität des Hauses.

Marina Street | Tel. 21 55 93 15 | Sommer tgl. 10.30–23, Winter bis 16.30 Uhr | €€€

Il-Terrazzo

Aussichtsreich – Kleines, innen stilvoll eingerichtetes Restaurant mit schönem Blick über die Xlendi Bay.

St. Simon Street | tgl. 11–1 Uhr | €€

KULTUR UND UNTERHALTUNG

La Grotta – Paradiso

Diskothek mit drei Bars, zwei Tanzflächen und vielen Sitzplätzen draußen sowie in einer ausgebauten Grotte. In einem grünen Tal weitab aller Hotels und Wohnhäuser etwa 1 km oberhalb von Xlendi gelegen.

Tel. 21 55 11 49 | tgl. ab 21 Uhr (Okt.–Mai nur Fr, Sa, So)

◎ COMINO D 2

Das 2,5 qkm große Inselchen vor der Südküste Gozos war im Mittelalter noch von etwa 200 Bauern besiedelt. Heute lebt kaum eine Hand voll Menschen ständig hier, im Sommer kommen 150 Hotelangestellte und maximal 282 Feriengäste hinzu. Sehenswert sind der Wachtturm Santa Marija im Süden der Insel und die Kanonenbatterie an der Ostküste.

Das Hotel Comino ist im Sommerhalbjahr geöffnet und Ziel von Wassersportfreunden, die die ausgezeichneten Bade-, Surf- und Tauchmöglichkeiten des Eilandes nutzen möchten. Am besten geht das in der **Blauen Lagune**, die das vielleicht beste Badewasser der ganzen Republik zu bieten hat. Außerdem: Tennisplätze, Fahrradverleih und ein buntes Programm. Regelmäßige Bootsverbindungen mit Mgarr auf Gozo und Cirkewwa auf Malta.

6 km südöstl. von Victoria

SEHENSWERTS

Santa Marija Tower

Der 12 m hohe Wachtturm steht auf einer 8 m hohen Basis und ist das einzige weithin sichtbare Gebäude auf der Insel. Er wurde schon 1618 erbaut und erhielt im 19. Jh. seine heutige Form.

April–Okt. Mi, Fr, Sa, So 10.30–15 Uhr, wenn auf dem Turm eine Flagge weht | Eintritt frei

ÜBERNACHTEN

Comino Hotels and Bungalows

Baden und Wassersport – Die Anlage, die aus 136 Hotelzimmern und Bungalows besteht, ist ganz und gar auf Wassersportler eingestellt, aber auch Tennisplätze und ein Mountainbike-Verleih sind vorhanden. Ein Aufenthalt auf Comino ist nur mit Halbpension zu buchen, der Flughafentransfer wird vom Hotel arrangiert. Hotel und Bungalow liegen 10 Gehminuten voneinander entfernt an zwei verschiedenen Buchten mit kleinem Sandstrand und Liegeplätzen auf Felsen.

San Niklaw Bay | Tel. 21 52 98 21 | www.cominohotel.com | April–Okt. | 136 Zimmer | €€€

Per Ausflugsschiff zu erreichen: Cominos Badebucht, die Blaue Lagune (▶ S. 125).

TOUREN
AUF MALTA UND
GOZO

MALTA FÜR KURZURLAUBER – EIN TAG UNTERWEGS MIT DEM MIETWAGEN

CHARAKTERISTIK: Auf der Mietwagenrundfahrt wird die Küste zwischen den Dingli Cliffs und Marsaxlokk erkundet **DAUER:** mindestens 10 Std. **LÄNGE:** von Dingli bis Marsaxlokk ca. 45 km **EINKEHRTIPPS:** Restaurant Blue Creek (▶ S. 81), Ghar Lapsi, Tel. 21 46 28 00, www.bluecreekmalta.com, Mi–Mo 12–15, Mi und Fr–Mo auch 19–23 Uhr €€€ | Restaurant iplace (▶ S. 19, 79), Marsaxlokk, Triq Wilga, Tel. 21 65 41 14, www.iplace.com.mt €€

▶ D/E 5

Wer auf Malta nur für einen Tag einen Mietwagen nehmen will, erkundet Valletta, die Three Cities und Mdina/Rabat mit dem Linienbus und konzentriert sich mit dem Auto auf das per Bus nur beschwerlich zu bereisende Küstenareal zwischen den **Dingli Cliffs** und **Marsaxlokk**. Da ist die Natur besonders eindrucksvoll und außerdem liegen bedeutende kulturelle Sehenswürdigkeiten am Weg. Sie starten die Rundreise an den **Dingli Cliffs**, weil Sie sich so morgens, wenn die Einheimischen zur Arbeit fahren, gegen den Hauptverkehrsstrom bewegen.

Mdina/Rabat ▶ Dingli

Zunächst folgen Sie den Wegweisern nach **Mdina/Rabat** und dort dann dem nach **Dingli**. Das höchstgelegene Dorf der Insel ist nach dem englischen Johanniterritter Sir Thomas Dingli benannt, der sich 1540 hier niederließ. Von hier fahren Sie auf der Asphaltstraße in nordwestliche Richtung und erreichen die **Dingli Cliffs** nahe dem Restaurant »Bobbyland«. Hier wenden Sie sich nach links und gelangen, immer am Steilabfall der Klippen entlang, an einer britischen Radarstation aus dem Zweiten Weltkrieg vorbei, zur

winzigen Kapelle tal-Maddalena aus dem 17. Jh. Steinerne Bänke laden zur Rast im Anblick von Klippen und Meer ein. Die Kapelle ist nachts für Maltas Hobby-Astronomen ein beliebter Standort zur Sternenbeobachtung, denn bis hier fällt kein Licht der Städte und Dörfer. An den Dingli-Klippen verlieren Sie das Gefühl, ganz Malta sei eine einzige Großstadt. Hier weht Ihnen der Seewind um die Nase und der Blick fällt übers Wasser in die schier unendliche Weite des Mittelmeers.

Dingli ▶ Sigiewwi

Folgen Sie nun weiter der Klippenrandstraße und biegen Sie dann in die erste Asphaltstraße nach links ein. Nun sehen Sie vor sich schon die waldähnliche Landschaft der **Buskett Gardens**. Sie erreichen einen großen Parkplatz, an dem ein Wegweiser nach rechts zu den nahen bronzezeitlichen Karrenspuren der **Clapham Junction** zeigt. Nach deren Besuch kehren Sie auf die Klippenrandstraße zurück und folgen ihr bis ans Ende. Dort wendet sich die Straße inseleinwärts, führt an einem großen Steinbruch und der Zufahrt zum nicht zugänglichen **Inquisitor's Palace** vorbei. Er diente den Inhabern dieses grausamen Postens als idyllische Sommerresidenz.

Am Stadtrand von **Siggiewi** lohnt dann unbedingt der Besuch von **Limestone Heritage**, wo Sie in einem fotogenen aufgelassenen Steinbruch viel über den Abbau und die Verarbeitung des Kalksteins erfahren, aus dem fast alle maltesischen Häuser errichtet sind.

Sigiewwi ▸ Ghar Lapsi

Anschließend kommen Sie wieder an die Küste zurück. Am Kreisverkehr bei Tal Bajjada können Sie zunächst nach **Ghar Lapsi** hinunterfahren, wo Sie gut zu Mittag essen können. Auf dem Rückweg zum Kreisverkehr passieren Sie an der Küste auch die größte Meerwasserentsalzungsanlage Maltas.

Ghar Lapsi ▸ Marsaxlokk

Nächstes Ziel sind die beiden neolithischen Tempel von **Hagar Qim** und **Mnajdra**, die ohne Zweifel am schönsten von allen maltesischen Tempelruinen gelegen sind. Hier kommt auch etwas mehr körperliche Bewegung ins Programm, denn zwischen **Hagar Qim** und Mnajdra müssen Sie hin und zurück etwa 1 km auf einem guten gepflasterten Weg durch freie Natur gehen. Wenn Sie danach noch Lust auf eine Bootsfahrt verspüren, können Sie einen kurzen Abstecher hinunter zum Bootshafen von **Wied iz-Zurrieq** unternehmen, er ist Ausgangspunkt für eine Fahrt zur **Blue Grotto**. Durch das Industrie- und Gewerbegebiet von Hal Far geht es danach weiter zum Containerhafen von **Kalafrana** und dann durch **Birzebugga** ins Fischerdorf **Marsaxlokk** mit dem schönsten Hafen der Insel. Valletta ist von hier nur noch 15 km entfernt.

Im Freilichtmuseum Limestone Heritage auf Malta (▸ S. 103) demonstriert ein Handwerker die Bearbeitung des maltesischen Steins, mit dem Häuser auf Malta errichtet wurden.

GOZO AN EINEM TAG –
KURZBESUCH FÜR MALTA-URLAUBER

CHARAKTERISTIK: Nach der Fährüberfahrt von Malta wird die Insel Gozo per Autorundreise erkundet **DAUER:** mindestens 12 Std. **LÄNGE:** ab/bis Hafen Mgarr/ Gozo ca. 50 km **EINKEHRTIPPS:** Otters (▶ S. 121), Marsalforn, St. Mary's Street, Tel. 21 55 66 06, tgl. 10–1 Uhr, Jan. und März Mo–Do 10–16 Uhr € | Stone Crab (▶ S. 125), Xlendi, Marina Street, Tel. 21 55 93 15, Sommer tgl. 10.30–23, Winter bis 16.30 Uhr

 €€€ **HINWEIS:** Das Ticket für die Rückreise wird direkt vor der Überfahrt am Hafen von Gozo gelöst, Vorreservierung ist nicht möglich.
📍 C 2

Die Fährüberfahrt von **Cirkewwa** im Norden Maltas nach **Mgarr** auf Gozo dauert nur etwa 25 Minuten und führt westlich am Inselchen Comino vorbei. Ganz kurz können Sie dabei einen Blick auf die **Blaue Lagune** (Blue Lagoon) erhaschen, länger im Blick bleibt dagegen der Festungsturm der Ritter auf Comino.

Mgarr ▶ Victoria/Rabat
In Mgarr angekommen, steigt die Straße vom Anleger zum Dorf Ghajnsielem an und führt gut ausgeschildert weiter in die Inselhauptstadt **Victoria/Rabat**. Wenn Sie früh genug aus den Federn gekommen sind, haben Sie Zeit für einen kurzen Abstecher nach **Xewkija** hinein. Von der Kuppel der dortigen Pfarrkirche aus gewinnen Sie einen schönen ersten Überblick über weite Teile der Insel, erkennen ihre vielen Tafelberge und sehen, dass hier im Gegensatz zu Malta die Dörfer durch Felder und Äcker deutlich voneinander getrennt sind.
Der große innerstädtische Parkplatz von **Victoria/Rabat** gleich neben dem Busbahnhof der Stadt ist gut ausgeschildert. Von ihm aus gehen Sie etwa

10 Minuten bis ins Stadtzentrum und noch fünf Minuten weiter hinauf zur Zitadelle, für deren Besichtigung Sie mindestens zwei Stunden ansetzen sollten. Die Kathedrale sollten Sie sich auf jeden Fall anschauen, das Archäologische und das Folklore-Museum bei entsprechendem Interesse. Ein Muss ist ein Rundgang auf den Stadtmauern. Die anschließende Kaffeepause legen Sie am besten in einem der Cafés auf dem Marktplatz oder auf dem nur 60 m entfernten, noch stimmungsvolleren Platz Pjazza San Gorg ein.

Victoria/Rabat ▶ Azur Window
Nach der Besichtigung des schönen Städtchens fahren Sie weiter vorbei am Kunsthandwerkerdorf **Ta' Dbiegi** in den Inselwesten zum **Dwejra Inland Sea** und dem Felstor **Azur Window**. Bei gutem Wetter können Sie hier im Sommer eine kurze Bootsfahrt durch einen Felstunnel unternehmen, und das ganze Jahr über die Versteinerungen im ufernahen Felsboden bewundern.

Azur Window ▶ Marsalforn
Zurück fahren Sie zunächst auf dem gleichen Weg und dann durch die stil-

Ein Schiff erreicht Mgarr, den Fährhafen der Insel Gozo (▶ S. 114). Malta und Gozo vom Wasser aus zu betrachten ist eine Möglichkeit, den maltesischen Archipel kennenzulernen.

len Dörfer **Ghasri** und **Zebbug** auf zuletzt schmaler, steiler und kurvenreicher Straße an die Nordküste Gozos. Vorbei an den graphischen Schönheiten der **Salinen von Marsalforn** führt Sie die Route nach **Marsalforn** hinein, wo es in Hafennähe einen Großparkplatz gibt. Hier ist die Zeit zum Mittagessen in einem Restaurant direkt an der Brandung gekommen.

Marsalforn ▶ Xaghra

Danach bieten sich auf der Weiterfahrt nach **Xaghra** noch einmal schöne Blicke auf die **Marsalforn Bay**. In **Xaghra** sollten Sie auf jeden Fall den prähistorischen **Ggantija Temple** besuchen. Wenn Sie Lust und Zeit haben, können Sie auch noch auf die Windmühle hinauf und in eine der beiden kleinen Tropfsteingrotten hinuntersteigen, und anschließend Kaffee und Kuchen oder

ein Eis am ursprünglich gebliebenen Dorfplatz von Xaghra genießen. Anschließend führt Sie der Weg noch einmal nach **Victoria/Rabat** zurück und von dort auf einer Stichstraße durch ein schönes grünes Tal hinunter nach **Xlendi** am inneren Ende eines felsigen Fjords. Wenn Sie möchten, können Sie hier auch baden. Ein großer Parkplatz steht im Zentrum nur 60 m vom Meer entfernt zur Verfügung. Xlendi ist auch ein romantischer Ort für ein Fischessen direkt am Meer – die Fähren zurück nach Malta verkehren ja rund um die Uhr. Im Hochsommer steht Ihnen aber vielleicht der Sinn nach einer Mußestunde am Strand mit Bad im offenen Meer. Wenn Sie dazu Lust verspüren, fahren Sie über Victoria/Rabat nach **Nadur** und von dort hinunter zum feinsandigen **Ramla Beach**.

INSELRUNDFAHRT MIT BADESTOPP – MALTA UND COMINO VOM SCHIFF AUS GESEHEN

CHARAKTERISTIK: Die Schiffstour, die Mittagessen an Bord bietet, vermittelt einen schönen Blick auf Maltas Küste **DAUER:** Tagesausflug **LÄNGE:** ca. 50 km **AUSKUNFT UND BUCHUNG:** im Hotel, bei der Reiseleitung oder direkt in den vielen Reisebüros und Verkaufsständen an den Bootsanlegern in Sliema Ferry **HINWEIS:** Sonnenschutz mit hohem Schutzfaktor nicht vergessen!
⚓ G 4

Die beste Methode, ein richtiges Inselbewusstsein zu entwickeln, ist eine Inselumrundung mit dem Ausflugsschiff. Vorsichtige buchen den Törn erst nach einem Blick aufs Wetter oder auf eine Wetter-App am Reisetag selbst beim Fahrkartenverkäufer direkt vor dem Boot: So lässt sich Seekrankheit mit hoher Wahrscheinlichkeit vermeiden.

Sliema ▶ Marsascala Bay
Zwischen Sliema und der Einfahrt in den **Grand Harbour** wird die ganze Verstädterung Maltas deutlich. Sie erkennen aber auch, welch günstige strategische Lage die Hauptstadt **Valletta** einnimmt. Gleich südlich der Einfahrt in den Grand Harbour sehen Sie das **Fort Rinella** und direkt daran anschließend das Neubaugebiet von **Smart City**, wo eine ganz neue Trabantenstadt hauptsächlich fürs IT-Business entsteht.

Marsascala Bay ▶ Insel Fifla
Kurz darauf passieren Sie die **Marsascala Bay**. Vorbei am **St. Thomas Tower** fahren Sie nun zur Bucht von **Marsaxlokk**, wo die Schornsteine des Kraftwerks und der Containerhafen von **Kalafrana** gut zu erkennen sind.

Erster Höhepunkt Ihrer Inselrundfahrt sind dann die imposanten Steilküsten im Süden der Insel. Zumindest mit dem Fernglas können Sie den Eingang zur Höhle **Ghar Hassan** hoch oben in den Klippen erkennen. Wenn Ihnen bald darauf viele kleine Motorboote begegnen, dann wissen Sie, dass Sie in der Nähe der **Blauen Grotte** sind. Danach können Sie am Hang mit Hilfe des Fernglases den Tempel von **Mnajdra** erkennen. Weiter oberhalb ist auch noch das moderne Schutzdach des Tempels von **Hagar Qim** zu erspähen. Links voraus liegt im Meer jetzt schon die unbewohnte Insel **Filfla**. Früher benutzte die britische Navy die unzugängliche Felseninsel als Zielscheibe für ihre Schießübungen. Seit 1988 steht Filfla unter Naturschutz, hier brüten viele Seevögel. Auf der Insel lebt eine kleine Eidechsenart, die nur dort vorkommt.

Insel Fifla ▶ Popeye Village
Vorbei an den imposanten **Dingli Cliffs**, die über 200 m hoch steil aus dem Meer aufragen, führt der Törn nun an der Westküste der Insel entlang, wo zum ersten Mal schöne Sandsträn-

de auftauchen: die **Gnejna Bay** mit ihren Bootsschuppen, die **Ghajn Tuffieha** Bay vor hoher Steilküste und die **Golden Bay** mit Hotel und einem reichen Wassersportangebot. Das **Popeye Village** ist dann die letzte Attraktion im Westen Maltas.

Popeye Village ▶ Blaue Lagune

Nahezu jede Inselumrundung schließt anschließend einen Stopp in der **Blauen Lagune** vor dem Inselchen **Comino** ein. Hier können Sie baden – das Schwimmzeug also nicht vergessen!

Nach dieser willkommenen Unterbrechung nimmt das Boot wieder Kurs auf Malta. Sie sehen die kleinen Buchten der Nordküste von der **Ramla** bis zur **White Tower Bay**, passieren die weite **Mellieha Bay** mit ihrem langen Sandstrand und erkennen darüber die Stadt **Mellieha**. Eine Paulus-Statue markiert kurz darauf **St. Paul's Island**, an der der Apostel Schiffbruch erlitten haben soll. Das Konglomerat von **St. Paul's Bay**, **Qawra** und **Bugibba** prägt das Antlitz der **St. Paul's Bay** und der **Salina Bay**. Im letzten Teil der Bootsfahrt bekommen Sie wieder Maltas städtische Seite zu sehen, wenn Sie in der Ferne die Kuppel der Kirche von Mosta und die alte Inselhauptstadt **Mdina/Rabat** erblicken.

Pembroke ▶ Sliema

Vorbei an der flachen Felsküste, von der aus viele Malteser gern angeln, passieren Sie die alten britischen Kasernen von **Pembroke**, dann **Paceville** mit dem markanten Spielcasino Dragonara und der Portomaso Marina. Sie blicken in die **Baluta Bay** hinein und erreichen nach Umfahrung von Tigné Point wieder den Hafen von Sliema.

Blaualgen sind verantwortlich für die Wasserfärbung in der Blauen Grotte (▶ S. 80), die bei Sonnenschein himmelblau erscheint. Die 40 m hohe Höhle ist nur per Boot erreichbar.

MALTA UND GOZO
ERFASSEN

Balanceakt: Auf den Stegen der Salinen von Marsalforn (▶ S. 14) kann man laufen.

AUF EINEN BLICK

*Hier erfahren Sie alles, was Sie über die Inseln im Mittelmeer
wissen müssen – kompakte Informationen über
Land und Leute, von Bevölkerung über Lage und Geografie
bis Politik und Wirtschaft.*

BEVÖLKERUNG

Die Malteser definieren sich vor allem durch ihre sonst nirgendwo gesprochene eigene Sprache als Nation. Die Kirche übt einen großen Einfluss aus. So waren etwa Ehescheidungen bis 2011 generell nicht erlaubt. Malta hat den höchsten Anteil von Asylbewerbern pro Kopf der Bevölkerung in der EU.

LAGE UND GEOGRAFIE

Malta ist ein südeuropäischer Inselstaat im Mittelmeer, der sich 92 km südlich der Küste Siziliens erstreckt.

Zum Archipel gehören die drei bewohnten Inseln Malta, Gozo und das kleine Comino.

POLITIK

Die Malteser sind in zwei Gruppen gespalten: die »Reds« und die »Blues«, die Roten und die Blauen, Sozialisten und Nationalisten. Man steht sich nahezu unversöhnlich gegenüber, lässt am jeweils anderen kein gutes Haar. 2013 errang die Labour Party 38 der 67 Parlamentssitze. Damit löste Labourchef Joseph Muscat den bisherigen Pre-

◀ Ein Fischer in Marsaxlokk (▶ S. 77) frischt die Farben seines Luzzu-Bootes auf.

mierminister Lawrence Gonzi ab. Staatspräsident ist seit 2009 George Abela.

SPRACHE

Das Maltesische ist eine semitische Sprache. Die Malteser führen ihre Sprache zwar, wohl aus religiösen Gründen, gern auf die punische Sprache der Antike zurück, die meisten Sprachwissenschaftler sind sich aber einig, dass das Maltesische stark vom Arabisch der moslemischen Eroberer geprägt worden ist.

Obwohl die Malteser untereinander jetzt fast alle maltesisch sprechen, hat der ausländische Besucher auf Malta keinerlei Sprachprobleme, solange er die Grundzüge der englischen Sprache beherrscht.

Das maltesische Alphabet umfasst einige Sonderzeichen, die wir in diesem Buch vereinfacht wiedergegeben haben. So wird hier das maltesische ċ immer nur als einfaches c geschrieben, das maltesische ġ immer als einfaches g, das maltesische ħ immer als einfaches h und das maltesische ż als einfaches z.

Bei der Aussprache der maltesischen Ortsnamen ist die Kenntnis folgender Ausspracheregeln nützlich: gh und q sind Zeichen für einen neuen Stimmansatz wie im Deutschen bei der Aussprache von »Mein Eid« im Gegensatz zu »Meineid«. Als Urlauber spricht man sie am besten einfach nicht mit, liest also »Ghar« als »Ar« oder »Qormi« als »Ormi«, »x« wird wie »sch« gesprochen.

WIRTSCHAFT

In der Landwirtschaft arbeiten nur noch 3,3% der maltesischen Bevölkerung, wobei dieser Wirtschaftszweig hauptsächlich auf Gozo betrieben wird. In der Industrie sind 19,1 % der Malteser beschäftigt. Ausländische Firmen werden schon seit den 1970er-Jahren mit Steuervorteilen, relativ niedrigen Löhnen und weiteren Investitionsanreizen ins Land gelockt.

Malta ist eine Dienstleistungsgesellschaft mit einem Schwerpunkt auf dem IT-Business. Der Anteil der Dienstleistungen macht fast drei Viertel des Bruttosozialprodukts aus, die Industrie nur knapp ein Viertel. Wichtigste Arbeitgeber sind der Staat und der Tourismus. 2012 kamen 1,29 Mio. Touristen, davon 150 000 aus Deutschland. Wichtigste Exportgüter sind mit 43 % Mineralöle und Schmierstoffe, 31 % Maschinen und Transportausrüstungen, 4 % chemische Erzeugnisse und Lebensmittel.

AMTSSPRACHE: Maltesisch, Englisch
BEVÖLKERUNG: 95 % Malteser, 5 % Ausländer
EINWOHNER: 418 000
FLÄCHE: 315,6 qkm
HAUPTSTADT: Valletta
INTERNET: www.visitmalta.com
RELIGION: 95 % römisch-katholisch, 2 % Muslime, 3 % andere
STAATSFORM: Republik im Commonwealth
STAATSOBERHAUPT: Staatspräsident George Abela
VERWALTUNG: 6 Bezirke mit 60 Gemeinden, eigenes Ministerium für die Insel Gozo
WÄHRUNG: Euro

GESCHICHTE

Malta liegt im Zentrum des Mittelmeers, war darum immer
von großer strategischer Bedeutung und sah entsprechend viele
fremde Herren. Prägend waren vor allem die Jungsteinzeit,
die Herrschaft des Johanniterordens und die britische Kolonialzeit.

4000–2500 v. Chr. Tempelbau in der Jungsteinzeit

Woher die Menschen stammten, die um 4000 v. Chr. Malta und Gozo von Sizilien aus besiedelten, ist nur zu vermuten: aus Anatolien wahrscheinlich. Was sie veranlasste, ab etwa 3500 mit dem Bau von Tempeln aus bis zu 50 t schweren Kalksteinblöcken zu beginnen und im Laufe der nächsten 1000 Jahre etwa 40 solcher Megalithbauten ausschließlich mit Hilfe von steinernen Werkzeugen zu errichten, ist ebenso ungewiss. Es gibt ja keinerlei schriftliche Quellen. Die Tempelbauten sprechen auf jeden Fall für einen hohen Organisationsgrad der Gesellschaft und auch schon für eine berufliche Spezialisierung und soziale Differenzierung. Verehrt wurde auf jeden Fall vor allem die Magna Mater, die Große Fruchtbarkeit spendende Mutter so vieler Frühkulturen. Für ein manchmal vermutetes Matriarchat in dieser Gesellschaft gibt es keinerlei sichere Beweise, aber die Knochenfunde im unterirdischen Heiligtum **Hypogäum** lassen vermuten, dass vor allem Frauen als Priesterinnen im Dienst der Gottheit standen und so hohe gesellschaftliche Anerkennung genossen.

2000 v. Chr. Karrenspuren

Nachdem die Epoche der Tempelbauer um 2500 v. Chr. durch eine verheerende Epidemie oder Naturkatastrophe zu

10 000 v. Chr.

Malta ist noch über eine Landbrücke mit dem Festland verbunden. Auf der Insel leben u.a. Zwergelefanten und Flusspferde.

5200 v. Chr.

4000 v. Chr.

Über Sizilien kommen neue Einwanderer auf die Inseln. Die Epoche der Tempelbauer beginnt.

Malta wird erstmals von Menschen anatolischen Ursprungs besiedelt. Von ihnen zeugen nur noch einige Keramikscherben und Kammergräber.

Ende gegangen war, blieb Malta für etwa 500 Jahre wohl unbewohnt. Dann kamen neue Siedler. Ebenso wie zwei weitere Siedlerwellen zu Beginn der Mittleren und Jüngeren Bronzezeit waren sie ursprünglich in Sizilien, auf den Liparischen Inseln und in West-Griechenland zu Hause. Sie brachten Kenntnisse in der Bronzeverarbeitung mit, bauten befestigte Rundhütten-Dörfer und legten unterirdische Vorratssilos und Wasserspeicher an. Außerdem überspannten sie Teile Maltas und Gozos mit einem einzigartigen Schienennetz aus parallel zueinander verlaufenden, U-förmigen Furchen im Gestein, die bis zu 75 cm tief sind, sich kreuzen und verzweigen. Auf ihrem Boden haben sie eine Breite von fünf bis acht cm, der Abstand zwischen den beiden Parallelfurchen beträgt in der Regel 1,32 m, in Kurven bis zu 1,47 m. Die verschiedenartige Tiefe der Furchen erklärt sich wohl aus der unterschiedlichen Häufigkeit ihrer Nutzung. Vermutlich gab es Haupt- und Nebenstrecken. Wahrscheinlich zogen Menschen in diesen Schienen eine Art Schleifkarren, die mit Lasten bis zu 90 kg beladen sein konnten. Besonders schön zu sehen ist dieses Schienensystem heute noch als »Clapham Junction« zwischen den Buskett Gardens und den Dingli Cliffs.

800 v.Chr. Zufluchtsort der Phönizier

Mit dem Vordringen des Händlervolks der Phönizier, das an den Küsten des heutigen Libanon zu Hause war, ging die prähistorische Zeit im Mittelmeerraum zu Ende. Spätestens um 800 v. Chr. gründeten sie eine erste Handelsniederlassung auf Malta. Als sich der phönizische Schwerpunkt ins heute tunesische Karthago verlagerte, errichteten die nun auch Punier genannten Phönizier eine erste Stadt auf Malta. Ihnen verdankt die Insel vermutlich ihren Namen, denn die Punier nannten sie »Malet« (Zufluchtsort). Dass ihre semitische Sprache die Grundlage fürs heutige Maltesisch bildet, behaupten die Malteser gern, denn sie führen sie ungern auf das von Moslems später auf Malta gesprochene Arabische zurück.

Eine Epidemie oder Naturkatastrophe vernichtet das menschliche Leben auf den Inseln.

2000 v. Chr.

1100 v. Chr.

Die Phönizier werden zur vorherrschenden Handelsmacht im Mittelmeerraum.

550 v. Chr.

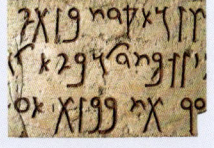

Malta wird erneut besiedelt. Die Einwanderer haben bereits Kenntnisse der Bronzeverarbeitung. Rätselhaft bleiben ihre Karrenspuren.

Die Punier aus Karthago gründen auf Malta eine Stadt an der Stelle von Mdina und Rabat.

218 v. Chr. Kaum Spuren hinterlassen: die Römer auf Malta

Im Verlauf des 2. Punischen Krieges gegen Karthago eroberte Rom nebenbei auch die maltesischen Inseln. Inselhauptstadt blieb das heutige Mdina/Rabat, wo noch eine einzige römische Villa in Ruinen erhalten ist. Um 60 n. Chr. erleidet der **Apostel Paulus** auf seiner letzten Reise nach Rom Schiffbruch auf Malta und verweilt hier über drei Monate lang. Erste christliche Gemeinden entstehen, der örtlichen Legende nach lässt sich sogar der römische Prokonsul von ihm taufen. Ihre Toten bestatten die Christen in ausgedehnten, bis heute sehr gut erhaltenen unterirdischen Katakomben unter den jetzigen Häusern von Rabat. Große Bedeutung scheint Malta für die Römer nicht gehabt zu haben, denn es fehlen z. B. Funde eines Theaters und großer öffentlicher Thermen.

395–1530 Viele Herren

Nach der Teilung des Römischen Reiches gelangt Malta zum später ins Byzantinische Reich übergehende Ostrom, das vom fernen Konstantinopel (heute Istanbul) aus regiert wird. Die Inseln werden im 5. Jh. von Goten und Vandalen überfallen, von 870 bis 1090 sind die moslimischen Aghlabiden aus Kairouan im heutigen Tunesien Herren der Inseln und führen in der Landwirtschaft moderne Bewässerungs- und neue Anbaumethoden wie den Terrassenbau ein. Die nächsten Eroberer sind 1090 die kriegerischen Normannen unter ihrem Herrscher, **König Roger I.** In der Inselhauptstadt Mdina entstehen Adelspaläste. 1194 bis 1268 unterstehen die Inseln den Staufern, dann bis 1284 dem Hause Anjou, von 1284 bis 1412 dem Hause Aragon und ab 1412 schließlich den spanischen Königen von Kastilien und Aragon, die Malta durch ständig wechselnde sizilianische Gouverneure verwalten und ausbeuten lassen.

1530–1798 Ordenssitz der Ritter

1530 überlässt **Kaiser Karl V.** die Inseln den bereits 1523 durch die Osmanen von Rhodos, ihrem bisherigen Ordenssitz, vertriebenen **Johanniterrittern**.

218 v. Chr.

60 n. Chr.

Der Apostel Paulus lebt und predigt etwa drei Monate lang auf Malta. Erste christliche Gemeinden entstehen.

870

Araber erobern die Inseln, die durch neue Bewässerungs- und Anbaumethoden einen wirtschaftlichen Aufschwung erleben.

Im Rahmen des Zweiten Punischen Krieges erobern die Römer die Inseln.

395

Teilung des Römischen Reiches. Malta gerät unter oströmisch-byzantinischen Einfluss.

Sie siedeln zunächst drei Jahre lang in Mdina, ziehen dann ins neu befestigte Birgu/Vittoriosa am Grand Harbour um. Hier widerstehen sie vom 18. Mai bis 8. September 1565 der opferreichen Belagerung durch ein zahlenmäßig weit überlegenes osmanisches Heer, das mit über 200 Kriegsschiffen gelandet war. 30 000 türkischen Soldaten standen zunächst nur 250, später 540 Ritter gegenüber, die von etwa 18 000 Mann spanischer und maltesischer Hilfstruppen unterstützt wurden. Nach ihrem Sieg erhalten die Johanniterritter Anerkennung und finanzielle Unterstützung aus ganz Europa und erbauen auf der bis dahin unbewohnten Halbinsel Sciberras binnen weniger Jahre ihre neue Ordensstadt **Valletta**. Die Bauarbeiter sind türkische Sklaven und Tagelöhner aus Malta und Sizilien. 1571 siedelt der Orden dorthin über. Der Großmeister residiert fortan in einem prächtigen Palast, am Grand Harbour entsteht eines der größten Hospitäler seiner Zeit. Die Johanniter widmen sich weiterhin ihren Hauptaufgaben: Sie überfallen osmanische Schiffe, kaufen christliche Sklaven frei und widmen sich der Krankenpflege.

Als der Stern des Osmanischen Reichs im 18. Jh. zu sinken beginnt, verliert auch der Orden seinen tieferen Sinn. Er verweltlicht, die Ritter widmen sich mehr und mehr dem Prunk und dem Wohlleben. So hat **Napoleon** leichtes Spiel, als er 1798 auf seinem Weg nach Ägypten nach Malta kommt und den Orden zur Übergabe der Insel auffordert. Sie erfolgt kampflos. Die Ritter verlassen die Inseln, Napoleons Truppen plündern Kirchen, Klöster und Paläste. Napoleon selbst verweilt nur sechs Nächte auf Malta. Er veranlasst während dieser kurzen Zeit die Abschaffung der Sklaverei und der Adelsprivilegien und lässt Truppen zurück, die weitere revolutionäre Änderungen durchsetzen sollen. Die Bevölkerung protestiert und ruft den britischen **Admiral Lord Nelson** zur Hilfe. Der zwingt die Franzosen am 5. September 1800 zur Kapitulation. Britische Truppen besetzen nun die Inseln, die im Pariser Frieden von 1814 der britischen Krone als Kolonie unterstellt werden.

1412
Malta wird spanisch und gehört dem Königshaus von Kastilien und Aragon.

1530
Kaiser Karl V. lässt den durch die Osmanen von Rhodos vertriebenen Johanniterrittern die Inseln als Lehen.

1798
Napoleon erobert die Inseln. Der Johanniterorden muss Malta verlassen.

1090
Die Normannen erobern Malta, in der Folgezeit wechselt es häufig den Besitzer.

1565
Große Belagerung: Nach fast viermonatiger Belagerung ziehen die Osmanen erfolglos ab.

1800–1964 Malta als britische Kronkolonie

Bereits 1827 beginnen die Briten, den **Grand Harbour** zum Hauptstützpunkt ihrer Mittelmeerflotte auszubauen, Docks zur Reparatur von Kriegsschiffen einzurichten und später dann auch Kohlebunker anzulegen. Noch größere Bedeutung erlangt dieser Stützpunkt durch die Eröffnung des Suezkanals im Jahr 1869. Malta floriert auch wirtschaftlich, die Einwohnerzahl steigt stark an. Wie überall in den britischen Kolonien legen die neuen Herren ein gutes Straßennetz an, verbessern die Trinkwasserversorgung und bauen gegen Ende des Jahrhunderts eine (heute nicht mehr bestehende) Eisenbahnverbindung zwischen Mdina und Valletta. Im Ersten Weltkrieg melden sich mehr als 20 000 Malteser freiwillig zur britischen Armee, auf Malta selbst werden Lazarette mit über 25 000 Betten eingerichtet. Die Briten danken den Maltesern für ihr Engagement mit der halbherzigen Gewährung innenpolitischer Autonomie, die sie dann 1934 jedoch wieder rückgängig machen.

Im Zweiten Weltkrieg wird Malta im Juni 1940 erstmals von italienischen Flugzeugen bombardiert. Bis zum September 1943 erlebt die Insel mehr als 2000 Luftangriffe, in Valletta und den anderen Städten der Insel werden mehr als 30 000 Gebäude zerstört. Über 1500 Malteser und Briten verlieren ihr Leben, mindestens 1252 deutsche und italienische Flugzeuge werden abgeschossen. Vom Frühjahr bis zum August 1942 gelingt den Achsenmächten sogar eine völlige Blockade der Inseln, deren Bevölkerung am Ende der Hungertod drohte.

Nach Kriegsende gewährt Großbritannien Malta eine Verfassung und weitgehende Selbstverwaltungsrechte. Die allgemeine Schulpflicht wird eingeführt, das Frauenwahlrecht beschlossen, die Malteser dürfen einen eigenen Minsterpräsidenten wählen. 1955 fordern die Malteser sogar die vollständige Integration ins Vereinigte Königreich, London lehnt dies jedoch ab. Stattdessen wird Malta am 21. September 1964 unabhängig, verbleibt aber zunächst noch im Commonwealth.

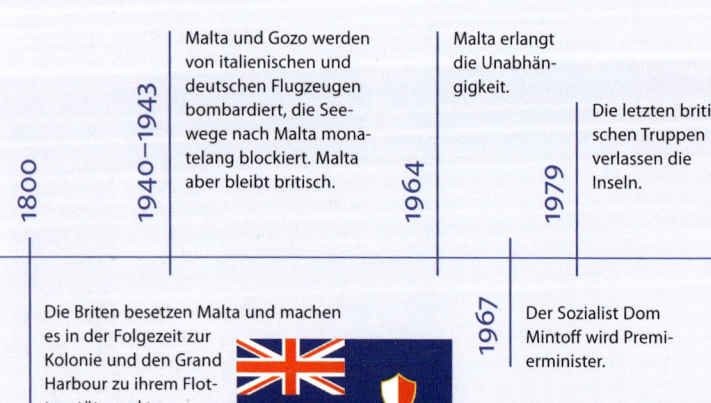

1800
Die Briten besetzen Malta und machen es in der Folgezeit zur Kolonie und den Grand Harbour zu ihrem Flottenstützpunkt.

1940–1943
Malta und Gozo werden von italienischen und deutschen Flugzeugen bombardiert, die Seewege nach Malta monatelang blockiert. Malta aber bleibt britisch.

1964
Malta erlangt die Unabhängigkeit.

1967
Der Sozialist Dom Mintoff wird Premierminister.

1979
Die letzten britischen Truppen verlassen die Inseln.

Seit 1964 Unabhängigkeit und politische Stabilität

Zur prägenden Gestalt der nächsten 20 Jahre wird **Dom(inic) Mintoff**, der Führer der Labour Party. Er löst als Premierminister den jungen Inselstaat aus der Abhängigkeit vom Westen, sucht eine enge Zusammenarbeit mit dem Nachbarn Libyen, der Sowjetunion, dem fernen China und Nord-Korea. Malta tritt aus dem Commonwealth aus und wird zur Republik. Staatsoberhaupt ist jetzt nicht mehr die Queen, sondern ein alle fünf Jahre gewählter Präsident. Zugleich werden viele westliche Unternehmen als Investoren gewonnen, bauen u. a. Playmobil, Bogner, Rodenstock, Loden-Frey und Lloyds-Schuhe Produktionsstätten auf Malta. Der Tourismus wird staatlich gefördert, die Touristenzahlen schnellen von 100 000 im Jahr 1967 auf über 700 000 im Jahr 1980 an. Als Mintoff, der inzwischen selbstherrlich regiert und die Opposition zu unterdrücken versucht, jedoch den Kampf gegen die katholische Kirche aufnimmt und die zumeist kirchlichen Privatschulen stark in ihren Rechten beschneiden will, sinkt der Stern der Sozialisten. Im Dezember 1984 tritt Mintoff zurück. 1987 wird erstmals ein Konservativer von der National Party Ministerpräsident. 1990 beantragt seine Regierung die Aufnahme in die EU, die dann 2004 erfolgt. 2008 wird der Euro als Landeswährung eingeführt. Von der allgemeinen Wirtschaftskrise in den Mittelmeerländern der EU seit 2010 bleibt Malta fast völlig verschont. Zum Problem wird aber die stets steigende Zahl der Bootsflüchtlinge aus Nordafrika. Gegenwärtig muss Malta sich um etwa 8500 von ihnen kümmern.

Innenpolitisch ist Malta einer der stabilsten Staaten Südeuropas. 2013 löst die Labour Party die Nationalisten wieder in der Regierung ab, neuer Regierungschef ist **Joseph Muscat**. Die Labour Party erringt 39 von 69 Sitzen im Parlament, die National Party 30. Weitere Parteien sind im Abgeordnetenhaus nicht vertreten. Die Wahlbeteiligung liegt bei 93 % – Malta hat traditionell die höchste Wahlbeteiligung aller Staaten ohne Wahlpflicht weltweit.

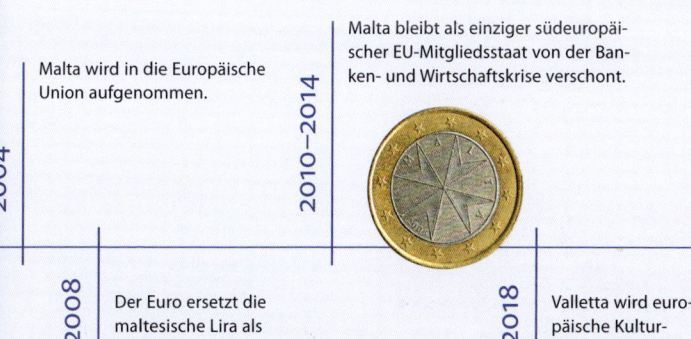

2004 Malta wird in die Europäische Union aufgenommen.

2010–2014 Malta bleibt als einziger südeuropäischer EU-Mitgliedsstaat von der Banken- und Wirtschaftskrise verschont.

2008 Der Euro ersetzt die maltesische Lira als Währung.

2018 Valletta wird europäische Kulturhauptstadt.

KULINARISCHES LEXIKON

A

Aliotta – Fischsuppe, reichlich mit
Knoblauch gewürzt
almonds – Mandeln
apple pie – gedeckter Apfelkuchen

B

bacon – Schinkenspeck
Bajd mimli bit-tonn – hart gekochte,
mit Thunfisch und Mayonnaise gefüllte Eier
beef – Rind
beer on tap – Bier vom Fass
beverages – Getränke
boiled – gekocht
bottle – Flasche
Bragioli/beef olive – hauchdünne
Rindsroulade, üppig mit Hackfleisch von Schwein oder Rind gefüllt
bread – Brot
bream – Brasse
brill – Butt
Brussels sprouts – Rosenkohl
Bzar ahdar mimli/stuffed peppers –
mit Oliven, Kapern, Kräutern und
Anchovis gefüllte Paprikaschoten

C

cabbage – Kohl
cauliflower – Blumenkohl
cereals – Cornflakes u. Ä.
cheddar – Hartkäseart
cherries – Kirschen
chicken – Huhn
chop – Kotelett
clams – Muscheln
cucumber – Gurke
cuttle fish – Tintenfisch

D

date – Dattel
duck – Ente
dumpling – Kloß

E

egg – Ei
– soft boiled – weich gekocht
– hard boiled – hart gekocht
– fried – gebraten
– poached egg – verlorenes Ei
– scrambled egg – Rührei

F

Fenek/rabbit: Kaninchen, meist in
Rotweinsauce oder gegrillt
fennel – Fenchel
fig – Feige
Ftira – maltesisches Fladenbrot, das
gerollt auch ganz unterschiedlich
gefüllt sein kann

G

gammon – Räucherschinken
garlic – Knoblauch
Gbejniet tal-bzar – mit viel Pfeffer ge-
würzter, mit etwas Olivenöl und
Weinessig besprenkelter gozitanischer Frischkäse
ginger – Ingwer
gravy – Bratensauce
green peppers – Paprikaschoten

H

hash – Gehacktes
haricot beans – weiße Bohnen
herbs – Kräuter
Hobz bis-zejt – maltesische Variante
der italienischen bruschetta: Brot

mit einer saftigen Mischung aus Tomaten, Zwiebeln, Knoblauch, Oliven, Olivenöl, Kapern, Anchovis und frischen Kräutern

I

ice cream – Speiseeis
ice cubes – Eiswürfel

K

Kawlata – Gemüsesuppe mit maltesischer Wurst und Schweinefleisch
kidneys – Nieren

L

lamb – Lamm
leek – Porree, Lauch
lentils – Linsen
lettuce – Kopfsalat
lime – Limone
loin – Lendenstück

M

mackerel – Makrele
mashed potatoes – Kartoffelbrei
minced meat – Hackfleisch
mushroom – Pilz
mussel – Muschel
mustard – Senf

P

pea – Erbse
peppers – Paprikaschoten
pie – gefüllte Pastete
plaice – Scholle
plum – Pflaume
pork – Schweinefleisch
poultry – Geflügel
prawn – Garnele

Q

Qarni stuffat – in einer würzigen Rotweinsauce gegarter Oktopus

R

raisin – Rosine
raspberry – Himbeere
Ravjul – große Ravioli, mit gozitanischem Ricottakäse und fein gehackter Petersilie gefüllt
red cabbage – Rotkohl
red currant – rote Johannisbeere
rib – Rippe
roll – Brötchen
Ross-fil-forn – gebackener Reis mit Eiern, Zwiebeln und Hackfleisch, manchmal auch Hühnerleber und Schinken
rye bread – Roggenbrot

S

sausage – Würstchen
self catering – Selbstversorgung
shark – Hai
smoked – geräuchert
sole – Seezunge
sparkling wine – Schaumwein
steamed – gedämpft
stew – Schmorgericht
stuffed – gefüllt

T

tart – Torte
Timpana – Auflauf aus Makkaroni, Hackfleisch, Hühnerleber, Blätterteig und Bechamelsauce
trout – Forelle
tunny – Thunfisch
turkey – Truthahn

V

veal – Kalb
vegetable – Gemüse

W

wafers – dünne Waffeln
whipped cream – Schlagsahne

SERVICE

Anreise

MIT DEM FLUGZEUG

Mehrere Fluggesellschaften verbinden Malta mit vielen Flughäfen in den deutschsprachigen Ländern. Die Flugzeit von Frankfurt bis Malta beträgt 2 Stunden 45 Minuten. Die Insel besitzt nur einen Flughafen, Luqa (gesprochen: Lu A) oder auch Malta International Airport genannt. Gozo verfügt nur über einen Heliport.

Auf www.atmosfair.de und www.myclimate.org kann jeder Reisende durch eine Spende für Klimaschutzprojekte für die CO_2-Emission seines Fluges aufkommen.

WEITERREISE VOM FLUGHAFEN

Urlauber, die eine Pauschalreise gebucht haben, werden am Flughafen von ihren Reiseleitern empfangen und in die Unterkunft begleitet. Wer auf eigene Faust reist, bucht am besten am Schalter der Taxivereinigung ein Taxi zu seiner Unterkunft. Die Tarife hängen dort aus, sodass man sicher sein kann, nicht übervorteilt zu werden. Für die Fahrt nach Valletta zahlt man 16 €, nach Sliema 20 €.

Zahlreiche Buslinien fahren vom Flughafen in alle Inselteile. Die Linien X1 bis X5 sind spezielle Expressbusse mit genügend Platz fürs Gepäck. X1 fährt nach Mellieha und zur Gozo-Fähre, X2 nach St. Julian's, X3 nach Rabat, Mosta und Buggiba/Qawra, X4 nach Valletta und Birzebugga, X5 nach Marsascala. Ein 2 Std. gültiges Ticket (mit Umsteigeberechtigung) kostet 1,30 €, ein Tagesticket für alle Buslinien auf Malta 1,50 € (www.publictransport.com.mt). Außerdem steht ein Transfer-Service per Minibus zur Verfügung, der in der Gepäckausgabehalle gebucht werden kann (www.maltatransfer.com). Damit kostet die Fahrt nach St. Paul's Bay 10 €, zur Gozo-Fähre 12 €. Wer einen Mietwagen von zu Hause aus gebucht hat, kann ihn gleich am Flughafen übernehmen, wo die Schalter der Autovermietungen zu jeder Flugankunft geöffnet haben.

WEITERREISE NACH GOZO

Eine Taxifahrt vom Flughafen auf Malta bis Cirkewwa, dem Fährhafen nach Gozo, ist 30 km lang, dauert etwa 70 Min. und kostet 32 €. Die Fähren verkehren ganzjährig mindestens 20-mal täglich, die Fahrzeit beträgt 25 Min.

ANREISE MIT DEM SCHIFF

Fährverbindungen nach Malta gibt es nur von Pozzallo und Catania auf Sizilien aus. Informationen bei:

Virtu Ferries

Marsa/Malta | Virtu Passenger Terminal | Il-Ghassara tal-Gheneb | Tel. 22 06 90 22 | www.virtuferries.com

Auskunft

IN DEUTSCHLAND, ÖSTERREICH UND DER SCHWEIZ

Fremdenverkehrsamt Malta

– Schillerstr. 30–40, 60313 Frankfurt/Main | Tel. 0 69/2 47 50 31 30 | www.visitmalta.com

– Opernring 1, 1010 Wien | Tel. 01/5 85
3/ /0 | www.visitmalta.com
– 2–723, Terminal 2, 8060 Zürich-Flug-
hafen | Tel. 0 43/8 16 30 15 | www.visit
malta.com

IN MALTA
Malta Tourism Authority
– Valletta | Auberge d'Italie | 229 Mer-
chants Street | Tel. 22 91 50 00 | www.
visitmalta.com
– Castle Hill | Victoria/Gozo | Tel.
21 56 14 19 | www.visitmalta.com

Buchtipps

**Thomas Freller: Die Johanniter –
Vom Kreuzritter zum Samariter –
Die Geschichte des Malteseror-
dens** (Casimir Katz Verlag, 2012)
Die Ordensgeschichte auf 312 Sei-
ten, von ihren Ursprüngen im Hei-
ligen Land über Zypern, Rhodos
und Malta bis heute.
Hans Lebek: Maltas Geheimnis
(AAVAA-Verlag, 2013) Lektüre für
Liebhaber kurioser Thriller.
MERIAN-Heft Malta (TRAVEL
HOUSE MEDIA, 2006) Hinter-
grundinformationen, viele Tipps
und gute Fotos auf bewährte MERI-
AN-Art.
**Nicholas Montserrat: Der Kaplan
von Malta** (Rowohlt, 1988; nur auf
Malta erhältlich) Der Roman spielt
während des Zweiten Weltkriegs.
Ein Priester erzählt seiner Gemein-
de Episoden aus der maltesischen
Geschichte.
**Kim Ohk: Kauderwelsch. Malte-
sisch Wort für Wort** (Reise Know-
how, 2010) Ein Sprachführer, der

dabei helfen will, sich auch ohne
längeres Studium auf Maltesisch
verständlich zu machen.
**Wibke Seifert: Mitten im Meer –
Amüsante und kuriose Geschich-
ten aus Malta** (Larimar 2010) Dün-
nes Büchlein, in dem die Autorin
versucht, maltesische Besonderhei-
ten zu beleuchten.
Ernst Staehle: Die Malteserritter
(Weishaupt Verlag, 2002) Die Ordensgeschichte, von einem Spezia-
listen sehr informativ erzählt.

Diplomatische Vertretungen
**Botschaft der Bundesrepublik
Deutschland**
Sliema | Il-Piazzetta Building, Entrance
B | Tower Road | Tel. 0 03 56/22 60
40 00 | www.valletta.diplo.de

Botschaft der Republik Österreich
Ta'Xbiex | Whitehall Mansions |
Ta'Xbiex Seafront | Tel. 0 03 56/23 27
90 00 | www.bmeia.gv.at

Generalkonsulat der Schweiz
Valletta | 6 Zachary Street | Tel.
21 24 41 59 | www.eda.admin.ch

Feiertage
10. Februar Feast of St. Paul's Ship-
wreck (Schiffbruch des hl. Paulus)
19. März St. Joseph's Day (St. Josephs
Tag)
31. März Freedom Day (Freiheitstag)
1. Mai Labour Day (Tag der Arbeit)
7. Juni Sette Giugno (Nationalfeier-
tag)
29. Juni Feast of St. Peter and St. Paul
(Peter und Paul)

15. August Assumption Day (Mariä Himmelfahrt)
8. September Our Ladies of Victories (Fest »Unserer Herrin der Siege«)
21. September Independence Day (Unabhängigkeitstag)
8. Dezember Immaculate Conception (Unbefleckte Empfängnis)
13. Dezember Republic Day (Tag der Republik)
25. Dezember Christmas (1. Weihnachtstag)

Fkk

Schon Oben-ohne ist auf Malta verboten. Sie sollten sich mit Rücksicht auf die Gefühle der Einheimischen daran halten.

Geld

Die maltesischen Euro-Münzen werden in Frankreich gepresst. Sie zeigen das Malteserkreuz, das maltesische Wappen und die Tempel von Mnajdra.
Kreditkarten werden von den meisten Hotels, Restaurants und Geschäften akzeptiert. Sperr-Notruf bei Verlust der Kreditkarte/EC-Karte: 00 49 116 116. Devisen dürfen in beliebiger Höhe ein- und ausgeführt werden. Beträge im Wert von über 11 000 Euro sollten jedoch bei der Ein- und Ausreise deklariert werden.
Banken sind montags bis freitags von 8.30–12.45, samstags von 8.30–12 Uhr geöffnet (15.6.–30.9. Mo–Fr 8–12.45, Sa 8–11.30 Uhr); nachmittags nur dienstags 14.40–16 Uhr (nicht 15.6.–30.9.) und freitags ganzjährig 14.30–16 Uhr. Die Bank am Flughafen ist immer geöffnet. Bargeldautomaten sind weit verbreitet. Sie akzeptieren die EC-/ Maestro-Karte und Kreditkarten. Außerdem gibt es Bargeld-Wechselautomaten.

Links und Apps

LINKS
www.visitmalta.com/de
Die offizielle Homepage des Fremdenverkehrsamtes.
www.heritagemalta.org
Viele Infos zu Museen und archäologischen Stätten.
www.gozo.com
Informationen über alles, was Gozo betrifft.
www.aboutmalta.com
Umfangreiche Informationen und gute Suchmaschine für alles, was Malta betrifft.
www.gov.mt
Die offizielle Website der maltesischen Regierung, Links zu den Ministerien.

APPS
Visit Malta
App der Malta Tourist Authority, auf Deutsch.
iPhone und Android | kostenlos
Valletta Map and Walk
Beschreibung von mehreren Stadtrundgängen in Valletta, auf Englisch.
iPhone und Android | kostenlos und Version für 4,49 €
Radio in Malta bzw. Malta-Radio
App, mit der man online in aller Welt über 20 maltesische Radiosender im Livestream hören kann.
iPhone und Android | 1,79 €

Medizinische Versorgung

KRANKENVERSICHERUNG
Die Vorlage einer Europäischen Versicherungskarte ist (EHIC) ist ausrei-

chend. Als zusätzlicher Versicherungs-
schutz empfiehlt sich der Abschluss
einer Auslandskrankenversicherung,
da diese Krankenrücktransporte mit-
versichert.

KRANKENHAUS

Krankenhäuser befinden sich in Msi-
da, Sliema und Victoria auf Gozo. Die
ärztliche Versorgung ist gut. Alle Ärzte
sprechen Englisch.

APOTHEKEN

Apotheken sind Mo–Fr von 9–13 und
16–19 Uhr, samstags von 9–13 und 16–
20 Uhr geöffnet. Ein Notdienst besteht
sonntags von 9–12.30 Uhr; aktueller
Dienstplan in der »Sunday Times«.

Nebenkosten

1 Tasse Kaffee	1,50 €
1 Bier (kleines Helles)	1,50 €
1 Cola	1,20 €
1 Brot	2,50 €
1 Schachtel Zigaretten	4,80 €
1 Liter Benzin	1,49 €
Fahrt mit öffentl. Verkehrsmitteln (Einzelfahrt)	1,30 €
Mietwagen/Woche	ab 150,00 €

Notruf

Euronotruf Tel. 112
(Polizei, Feuerwehr, Rettungsdienst)

Öffnungszeiten

Für staatliche Museen und archäologische Stätten gelten Standardöffnungs-
zeiten und -eintrittspreise. Für ein Ein-
zelticket zahlen Personen über 18 Jahre
5–8 €. Senioren ab 60 Jahren erhalten
ca. 25 %, Junioren (12–17 Jahre) sowie
Studenten ca. 40 % und Kinder (6–11 J.)
ca. 50 % Ermäßigung. Auch die Öff-

nungszeiten sind für die meisten Museen und archäologischen Stätten ein-
heitlich. Wenn nicht anders vermerkt,
sind sie ganzjährig täglich von 9 bis
17 Uhr geöffnet, letzter Einlass ist um
16.30 Uhr. Am 24., 25. und 31. Dezember, 1. Januar und Karfreitag bleiben
alle Museen und Tempel geschlossen.

Post

Die Briefkästen in Malta sind rot.
Briefmarken erhält man in den Post-
ämtern und meist auch in den Läden,
die Postkarten verkaufen. Eine Post-
karte nach Deutschland, Österreich
und in die Schweiz kostet 0,59 €.

Valletta Post Office

Valletta | Castille Place | Mo–Fr 8.15–
16.30, Sa 8.15–12.30 Uhr

Luqa Airport Branch Post Office

Luqa Flughafen | Tel. 21 69 24 91 |
Mo–Sa 7–19 Uhr

Reisedokumente

Deutsche, Österreicher und Schweizer
können mit einem gültigen Reisepass
oder Personalausweis (Identitätskarte)
einreisen. Kinder benötigen ein eigenes Ausweisdokument.

Reiseknigge

Die meisten Malteser sind sehr höfli-
che Menschen. Man grüßt sich eher
britisch distanziert als mediterran
überschwänglich, spricht leise miteinander und schätzt den belanglosen
Smalltalk. In Restaurants und im Früh-
stücksraum des Hotels wartet man oft,
bis man einen Tisch zugewiesen bekommt, und setzt sich nicht einfach
irgendwo hin. Shorts und ärmellose

T-Shirts sind in Restaurants und Bars ungern gesehen, in Lokalen gehobener Kategorien wird von Herren auch häufig erwartet, dass sie abends ein Jackett tragen.

Malta ist ein streng katholisches Land. In Kirchen sollten Sie daher Knie und Schultern unbedingt bedeckt halten. Fotografieren lässt man sich gern, wenn man lächelnd um Erlaubnis gebeten wird.

Reisewetter

Maltas große Pluspunkte sind geringe Niederschläge und häufiger Sonnenschein. Die Temperaturen sind auch im Sommer durch fast ständig wehende Winde erträglich. Im Juli und August können die Temperaturen zwar in Ausnahmefällen auf mehr als 40 Grad steigen, meist liegen sie aber um 28 bis 30 Grad. Für einen Badeurlaub ist Malta von Mai bis Anfang September geeignet. Im August erwärmt sich das Meer auf etwa 25 Grad. Im September beginnen die ersten kurzen Regenfälle. Die feuchtesten Monate sind Dezember und Januar.

Strom

Die elektrische Spannung beträgt 240 Volt Wechselstrom (problemlos für 220-Volt-Geräte). Für elektrische Geräte wird ein Steckeradapter benötigt.

Telefon

VORWAHLEN

D, A, CH ▶ **Malta** 0 03 56
Malta ▶ D 00 49
Malta ▶ A 00 43
Malta ▶ CH 00 41

In Malta sind alle Telefongespräche Ortsgespräche, man wählt also immer die vollständige achtstellige Teilnehmerrufnummer.

Telefonzellen finden sich auf Malta häufig, Telefonkarten sind in vielen Mini- und Supermärkten sowie in Zeitungsgeschäften erhältlich. Die Flächendeckung im Mobilfunknetz ist sehr gut.

Tiere

Aufgrund sehr strenger Quarantänevorschriften ist es für Urlauber nicht ratsam, ihren Hund oder ihre Katze mit nach Malta zu nehmen.

Klima (Mittelwerte)

	Januar	Februar	März	April	Mai	Juni	Juli	August	September	Oktober	November	Dezember
Tagestemperatur	15	15	17	19	23	28	30	31	29	24	20	17
Nachttemperatur	10	10	10	12	15	19	21	22	20	17	14	11
Sonnenstunden	6	7	8	9	10	12	12	12	9	7	6	5
Regentage pro Monat	12	7	6	4	2	0	0	1	3	9	10	12
Wassertemperatur	15	14	15	15	18	21	24	25	24	22	19	17

Trinkgeld

Im Restaurant ist das Bedienungsgeld oft noch nicht im Preis inbegriffen. In diesen Fällen gibt man etwa 10 % Trinkgeld, sonst genügen 5 %. Taxifahrer und Friseure erhalten etwa 5 bis 10 % Trinkgeld.

Verkehr

AUTO/MIETWAGEN

Auf Malta herrscht Linksverkehr. Im Kreisverkehr haben im Kreis Fahrende Vorfahrt, wenn Schilder nichts anderes besagen. Die zulässige Höchstgeschwindigkeit in geschlossenen Ortschaften beträgt 50 km/h, auf Landstraßen 80 km/h. Alkohol am Steuer ist absolut verboten. Anschnallpflicht besteht auf den Vordersitzen. Maltas Hauptstraßen sind gut, viele Nebenstraßen aber schlecht. Mit Schlaglöchern muss gerechnet werden. Falsch parken kostet bis zu 120 €.

Mietwagen sind auf Malta preiswert. Der Fahrer muss mindestens 25 und darf höchstens 70 Jahre alt sein (bei Vorabbuchung über Reiseveranstalter ab 21 Jahren). Der nationale Führerschein genügt. Sonntags sind alle Tankstellen ab 12 Uhr geschlossen. Der Benzinpreis ist an allen Tankstellen gleich. Parkplätze sind im städtischen Malta knapp; Parkhäuser gibt es nur in Valletta. In vielen Orten kann man mit Parkscheibe parken. Man sollte sie sich unbedingt vor Wagenübernahme vom Vermieter geben lassen!

BUS

Im Juli 2011 hatte die britische Transportgesellschaft Arriva, eine 100-prozentige Tochter der Deutsche Bahn AG, den Linienbusverkehr auf Malta und Gozo übernommen. Fast alle alten Busse wurden außer Dienst gestellt, überwiegend neue Busse aus China angeliefert. Das Routennetz wurde völlig umgestellt. Es ist jetzt nicht mehr zentral auf Valletta ausgerichtet, viele neue Querverbindungen wurden geschaffen. Arriva machte hohe Verluste. 2014 wurde der Linienbusverkehr daher vom Staat übernommen, bis sich ein neuer privater Betreiber findet.

Bustickets sind an Ticketmaschinen an den zentralen Busbahnhöfen und im Bus selbst erhältlich. Mehrtages-Tickets können auch im Internet gekauft werden. Das Standardticket (1,30 € auf Malta, 1 € auf Gozo) ist 2 Stunden gültig und berechtigt zum Umsteigen. Das Tagesticket kostet je 1,50 € (Malta oder Gozo), ein Wochenticket 12 € (Gozo 6,50 €). Kinder (3–10 J.) zahlen 0,30 € fürs Standardticket (Tag 0,50 €, Woche 2,30 €). Schwarzfahrer werden mit 10 € zur Kasse gebeten. Alle Busfahrpläne, Routendiagramme und Ticketinformationen im Internet unter www.public transport.com.mt.

FÄHREN

Zur Entlastung des Straßenverkehrs pendeln täglich zwischen 7.30 und 18 Uhr Personenfähren zwischen Sliema und Valletta sowie Valletta und Vittoriosa. Zwischen Oktober und April fahren sie von 8 bis 17.30 Uhr, sonntags nur bis 15.30 Uhr (www.vallettaferry services.com). Rote Shuttle-Busse verbinden die beiden Fähranleger von Valletta mit dem Stadtzentrum.

MOPEDS UND FAHRRÄDER

Man kann sie in allen Urlaubsorten mieten, das Mindestalter beträgt 21

Jahre. Bitte beachten Sie, dass Zweiradfahrer stark unfallgefährdet sind.

Rauchen

In den geschlossenen Räumen von Hotels, Restaurants und Pubs ist das Rauchen ebenso streng untersagt wie in allen öffentlichen Gebäuden, in Linienbussen und Taxis. Internationale Zigarettenmarken sind in Supermärkten, und Zeitschriftenläden erhältlich.

Taxis

Taxis findet man in den Städten auf größeren Plätzen oder am Hafen. Eine zentrale Rufnummer existiert nicht, am besten, Sie lassen sich vom Hotel oder Restaurant aus ein Taxi rufen.

Zeitungen

Informationen über lokale Ereignisse bieten die werktäglich erscheinende englischsprachige maltesische Tageszeitung »The Times« und die Sonntagszeitungen »The Sunday Times« und »The Malta Independent«, die auch im Internet zumindest teilweise gelesen werden können. Deutschsprachige Zeitungen und Magazine sind meist am Erscheinungstag erhältlich.

Zoll

Reisende aus Deutschland und Österreich dürfen Waren abgabenfrei mit nach Hause nehmen, wenn diese für den privaten Gebrauch bestimmt sind. Bestimmte Richtmengen sollten jedoch nicht überschritten werden (z. B. 800 Zigaretten, 90 l Wein, 10 kg Kaffee). Weitere Auskünfte unter www.zoll.de und www.bmf.gv.at/zoll.

Reisende aus der Schweiz dürfen Waren im Wert von 300 SFr abgabenfrei mit nach Hause nehmen, wenn diese für den privaten Gebrauch bestimmt sind. Tabakwaren und Alkohol fallen nicht unter diese Wertgrenze und bleiben in bestimmten Mengen abgabenfrei (z. B. 200 Zigaretten, 2 l Wein). Weitere Auskünfte unter www.zoll.ch.

Entfernungen (in km) zwischen wichtigen Orten

	Cirkewwa	Flughafen	Marsascala	Marsaxlokk	Mdina	Mellieha	Mosta	St. Paul's Bay	Valletta	Vittoriosa
Cirkewwa	–	35	40	43	25	8	19	14	34	37
Flughafen	35	–	10	7	10	27	13	21	9	6
Marsascala	40	10	–	7	20	32	23	26	12	6
Marsaxlokk	43	7	7	–	17	35	20	29	12	9
Mdina	25	10	20	17	–	17	5	12	12	12
Mellieha	8	27	32	35	17	–	11	6	26	29
Mosta	19	13	23	20	5	11	–	5	11	11
St. Paul's Bay	14	21	26	29	12	6	5	–	20	23
Valletta	34	9	12	12	12	26	11	20	–	8
Vittoriosa	37	6	6	9	12	29	11	23	8	–

ORTS- UND SACHREGISTER

Wird ein Begriff mehrfach aufgeführt,
verweist die **fett** gedruckte Zahl auf die Hauptnennung.
Abkürzungen: Hotel [H] · Restaurant [R]

Liebe Leserinnen und Leser,

vielen Dank, dass Sie sich für einen Titel aus unserer Reihe MERIAN *momente* entschieden haben. Wir wünschen Ihnen eine gute Reise. Wenn Sie uns nun von Ihren Lieblingstipps, besonderen Momenten und Entdeckungen berichten möchten, freuen wir uns. Oder haben Sie Wünsche, Anregungen und Korrekturen? Zögern Sie nicht, uns zu schreiben! Alle Angaben in diesem Reiseführer sind gewissenhaft geprüft. Preise, Öffnungszeiten usw. können sich aber schnell ändern. Für eventuelle Fehler übernimmt der Verlag keine Haftung.

© 2014 TRAVEL HOUSE MEDIA GmbH, München
MERIAN ist eine eingetragene Marke der GANSKE VERLAGSGRUPPE.

TRAVEL HOUSE MEDIA
Postfach 86 03 66
81630 München
merian-momente@travel-house-media.de
www.merian.de

Alle Rechte vorbehalten. Nachdruck, auch auszugsweise, sowie die Verbreitung durch Film, Funk, Fernsehen und Internet, durch fotomechanische Wiedergabe, Tonträger und Datenverarbeitungssysteme jeglicher Art nur mit schriftlicher Genehmigung des Verlages.

BEI INTERESSE AN MASSGESCHNEIDERTEN MERIAN-PRODUKTEN:
Tel. 0 89/4 50 00 99 12
veronica.reisenegger@travel-house-media.de

BEI INTERESSE AN ANZEIGEN:
KV Kommunalverlag GmbH & Co KG
Tel. 0 89/9 28 09 60
info@kommunal-verlag.de

1. Auflage

VERLAGSLEITUNG
Dr. Malva Kemnitz
REDAKTION
Susanne Kronester
LEKTORAT
Kerstin Seydel-Franz
BILDREDAKTION
Dr. Nafsika Mylona
SCHLUSSREDAKTION
Susanne Lindner
HERSTELLUNG
Bettina Häfele, Katrin Uplegger
SATZ/TECHNISCHE PRODUKTION
h3a GmbH, München
REIHENGESTALTUNG
Independent Medien Design, Horst Moser, München (Innenteil), La Voilà, Marion Blomeyer & Alexandra Rusitschka, München und Leipzig (Coverkonzept)
KARTEN
Gecko-Publishing GmbH für MERIAN-Kartographie
DRUCK UND BINDUNG
Firmengruppe APPL, aprinta Druck, Wemding

Ein Unternehmen der
GANSKE VERLAGSGRUPPE

PEFC/04-32-0928

BILDNACHWEIS
Titelbild (Malta, Boote im Hafen von Marsaxlokk), laif: H. Hughes/hemis.fr
Alamy: R. Wareham Vervoer 160 unten | Andia.fr 79 | Avenue Images/agefotostock: Ainara Garc'a Azpiazu 4/5, T. Bognar 59 | Bildagentur Huber: M. Bortoli 136 | Corbis: S. Sonnet 74 | dpa Picture-Alliance/Photoshot: De Agostini 139 | fotolia: A. Orrù 34, Comugnero Silvana 143, Patryssia 50 | gemeinfrei 70, 138 links, 138 rechts, 141 links, 142 | glowImages 92, 111, EyeUbiquitous 48 | Hilton 25 | Hotel Cornucopia 123 | imagebroker/vario images 15, 33 | imago: Mollenhauer 81, PEMAX 114 | J.Calabrese 119 | laif: T. Ausili/Contrasto 20/21, S. Descamps/hemis.fr 38, B. Gardel/hemis.fr 88, : E. Gerald 13 rechts, 44, T. Gerber 60, P. Hirth 47, 112, 131, A. Hub 26, C. Rich/Aurora 41, The New York Times/Redux 52/53 | Level 22 13 links | Limestone Heritage 129 | look-foto 49, 126/127, 160 oben, Design Pics 12 | Malta Classic Car Collection 108 | Malta National Aquarium 16 | mauritius images/Alamy 36, 65, 134/135, Jiri 77, J. Warburton-Lee 67 | Palazzo Vittoriosa 18 | Rebekkah's 29 | Schapowalow/SIME: M. Bortoli 54 | shutterstock 2, 57, foto76 30, mountainpix 140, Neftali 141 rechts, S. Uryadnikov 19, A. Vershinin 84 | Valletta G-House 22 | vario images 133, McPHOTO 6 | Wignacourt-Museum 99 | Your Photo Today 103, 104, E. Bach 14, SUPERBILD 51

MALTA GESTERN & HEUTE

Die alten englischen **Bedford-Busse** waren auf Malta und Gozo bis 2011 das gängige öffentliche Verkehrsmittel. Jeder Fahrer schmückte sein Vehikel selbst nach eigenem Gusto mit Heiligenbildern oder Fußballerfotos aus. Türen und Fenster standen meist offen, das Sitzen war unbequem. 2011 wurde die gesamte Flotte vollständig erneuert. Jetzt fährt man bequemer, aber auch weniger originell zumeist in Bussen chinesischer Provenienz.